Python 开发与财务应用

主　编　赵云栋　段妍芫
副主编　徐　意　刘苹钰　张延芝　张小莉　董　佳

东南大学出版社
SOUTHEAST UNIVERSITY PRESS
·南京·

内容简介

本书以财务应用场景为主线,由浅入深讲解 Python 基础、财务应用及综合实践的知识,旨在培养学生利用 Python 分析财务数据、实现财务决策的数字化分析思维和能力,为后续深入学习其他大数据课程夯实基础。

基础篇由第一章、第二章构成,是财务数据分析和应用的基础。应用篇由第三章、第四章、第五章构成,主要讲述如何获取、清洗、加工和可视化呈现数据。进阶篇由第六章、第七章构成,全面展示数据分析的完整流程,帮助学生运用 Python 处理财务会计与管理会计问题,并利用数据分析结果为企业决策提供支持。

图书在版编目(CIP)数据

Python 开发与财务应用 / 赵云栋,段妍芜主编.
南京:东南大学出版社,2024.8. -- ISBN 978-7-5766-1538-8
Ⅰ.F275
中国国家版本馆 CIP 数据核字第 2024HM2996 号

责任编辑:褚 婧　　责任校对:子雪莲　　封面设计:王 玥　　责任印制:周荣虎

Python 开发与财务应用
Python Kaifa yu Caiwu Yingyong

主　　编	赵云栋　段妍芜
出版发行	东南大学出版社
出 版 人	白云飞
社　　址	南京市四牌楼 2 号　邮编:210096　电话:025 - 83793330
网　　址	http://www.seupress.com
经　　销	全国各地新华书店
印　　刷	南京玉河印刷厂
开　　本	787 mm×1092 mm　1/16
印　　张	14.25
字　　数	320 千
版 印 次	2024 年 8 月第 1 版第 1 次印刷
书　　号	ISBN 978-7-5766-1538-8
定　　价	49.80 元

本社图书若有印装质量问题,请直接与营销部联系,电话:025-83791830。

前言

党的二十大报告强调:"推进职普融通、产教融合、科教融汇,优化职业教育类型定位。"高职院校在充分领悟党的二十大精神的基础之上,需以面向市场、服务发展、促进就业为办学方向,强化素质能力教育,从而适应新一轮科技革命和产业变革需求。

在此背景下,财经类高职院校越来越重视"人工智能+X"复合型人才培养。本书旨在培养学生熟练掌握计算机语言(Python)与商业语言(会计理论)的综合能力,引导学生借助 Python 工具,把已学过的知识创新性地运用到实践中,培养学生理论联系实际,进而提高学生的大数据分析能力,成为新时代需要的交叉型技能人才。

本书基于 Python,融合会计与财务的相关知识,综合财经大数据及经济活动,培养学生的综合应用能力,特别是能够建立系统的数据分析与数据挖掘的能力。本书各知识点紧紧围绕现实案例,使学生能够综合运用多章节知识来解决现实生活中的真实问题,达到学以致用、融会贯通的目的。

本书由赵云栋、段妍芫、徐意、刘苹钰、董佳、张小莉和张延芝规划、统筹定稿。段妍芫负责编写第四章、第六章及第一章、第二章、第五章部分内容及全书审定;徐意负责编写第二章部分内容;刘苹钰负责编写第三章及第一章部分内容;董佳负责编写第五章部分内容;张小莉、张延芝共同编写第七章内容。

学习本书课程,不要求读者有 Python 基础。本书从基础语法到实际应用,循序渐进,由浅入深,可作为大数据会计、智能财务、数据分析等相关课程的教材。当然,由于编者水平、时间、实践有限,书中难免存在不足之处,恳请读者批评指正。

编者

2024 年 3 月

目录

第一篇　基础篇 ··· 001
　第一章　了解大数据 ··· 003
　　任务一　大数据的概念 ·· 003
　　　1. 信息与大数据 ·· 003
　　　　1.1　信息技术革命的发展历程 ··· 003
　　　　1.2　大数据 ·· 004
　　　　1.3　大数据的特征 ·· 004
　　　2. 大数据思维 ·· 005
　　　　2.1　全样而非抽样的思维方式 ··· 006
　　　　2.2　效率而非精确的思维方式 ··· 006
　　　　2.3　相关而非因果的思维方式 ··· 006
　　　3. 大数据技术面临的挑战 ·· 006
　　　　3.1　对数据库管理技术的挑战 ··· 007
　　　　3.2　对传统的数据库技术的挑战 ··· 007
　　　　3.3　对实时性技术的挑战 ··· 007
　　　　3.4　对网络架构、数据中心、数据运维的挑战 ··· 007
　　　4. 大数据关键技术分类 ·· 007
　　　　4.1　大数据采集 ··· 007
　　　　4.2　大数据预处理 ··· 008
　　　　4.3　数据存储 ··· 008
　　　　4.4　大数据管理 ··· 009
　　　　4.5　大数据统计分析 ··· 009
　　　　4.6　数据挖掘 ··· 010
　　　　4.7　数据可视化 ··· 010

　　任务二　大数据的基础知识 ·· 010
　　　1. 大数据安全 ·· 010
　　　　1.1　大数据安全的定义 ··· 010
　　　　1.2　大数据安全现状 ··· 010
　　　　1.3　网络安全和用户隐私问题 ··· 011

  1.4 大数据安全保护措施 ·· 012
 2. 数据交换与共享 ·· 013
  2.1 什么是数据交换与共享 ·· 013
  2.2 数据交换与共享的意义 ·· 014
  2.3 数据交换与共享的方法 ·· 014
  2.4 数据交换与共享的原则 ·· 015
  2.5 数据交换与共享的注意事项 ·· 015
 3. 大数据交易 ·· 015
  3.1 大数据交易的概念及特点 ·· 015
  3.2 大数据交易的主体 ·· 016
  3.3 大数据交易模式的分类 ·· 016
  3.4 大数据交易模式的分析 ·· 016
  3.5 我国大数据交易模式概况分析 ·· 017

第二章　Python 基础知识 ·· 018

任务一　认识 Python ·· 018
 1. Python 的发展历史 ·· 018
 2. Python 的特点及优势 ·· 021
 3. Python 的应用领域 ·· 023
 4. Python 环境搭建 ·· 024

任务二　Python 基础语法 ·· 026
 1. 输入、输出与注释 ·· 026
  1.1 输出函数 ·· 026
  1.2 输入函数 input() ·· 028
  1.3 注释 ·· 028
 2. 变量与赋值 ·· 030
  2.1 变量与赋值的定义 ·· 030
  2.2 变量命名规则 ·· 031
  2.3 赋值语句 ·· 031
 3. 基本数据类型 ·· 032
  3.1 数值 ·· 032
  3.2 字符串 ·· 039
 4. 高级数据类型 ·· 043
  4.1 列表 ·· 043
  4.2 字典 ·· 046
  4.3 元组 ·· 049
  4.4 集合 ·· 051

任务三　Python 进阶语法 ····· 053
1. 流程控制——条件分支 ····· 053
　1.1　单分支结构(if) ····· 053
　1.2　双分支结构(if...else) ····· 054
　1.3　多分支结构(if...elif...else) ····· 055
　1.4　if 嵌套语句 ····· 057
2. 流程控制——循环语句 ····· 058
　2.1　while 循环 ····· 058
　2.2　for...in 循环 ····· 059
　2.3　嵌套循环 ····· 059
　2.4　break、continue 语句 ····· 061
3. 函数 ····· 063
　3.1　内置函数 ····· 063
　3.2　自定义函数 ····· 066
4. 模块 ····· 068
　4.1　导入模块 ····· 068
　4.2　内置模块 ····· 069
　4.3　第三方模块 ····· 070

第二篇　应用篇 ····· 071
第三章　数据获取 ····· 073
任务一　数据接口 ····· 073
1. 数据接口的规则 ····· 073
2. 数据接口的运行情况 ····· 074
3. 获取其他数据 ····· 075
任务二　了解爬虫 ····· 078
1. 什么是网络爬虫 ····· 078
　1.1　通用网络爬虫 ····· 078
　1.2　聚焦网络爬虫 ····· 078
　1.3　增量式网络爬虫 ····· 079
　1.4　深层网络爬虫 ····· 079
2. 网络爬虫的基本原理 ····· 079
3. 网络爬虫的一般工作流程 ····· 079
4. 网络爬虫的应用场景 ····· 079
　4.1　搜索引擎 ····· 080
　4.2　舆情分析与监测 ····· 080
　4.3　聚合平台 ····· 080

  4.4 出行类软件 ·· 080
 5. 网络爬虫的应用展示 ·· 080
  5.1 查找数据所在网页 ·· 080
  5.2 登录新浪财经网的主页,搜索"格力电器",进入详情页面 ············ 080
  5.3 编写代码爬取网页内容 ·· 080
  5.4 根据爬取的网页内容筛选出想要的数据 ······························ 084

第四章 pandas 模块 ·· 092

任务一 pandas 模块基础 ·· 092

 1. pandas 引入规则 ·· 092
 2. Series 数据结构 ·· 093
  2.1 创建 Series ·· 093
  2.2 Series 的基本操作 ·· 094
 3. DataFrame 数据结构 ·· 098
  3.1 创建 DataFrame ·· 098
  3.2 DataFrame 的基本操作及属性 ······································ 104

任务二 pandas 文件操作 ·· 107

 1. 读取文件 read() ·· 107
 2. 写入 Excel to_excel() ·· 108

第五章 数据分析 ·· 110

任务一 数据筛选 ·· 110

 1. 直接筛选 ·· 111
  1.1 选取单列数据 ·· 111
  1.2 选取多列数据 ·· 112
  1.3 选取连续行数据 ·· 112
 2. 条件筛选 ·· 112
  2.1 选取某列满足一定条件的数据 ······································ 113
  2.2 选取多列满足一定条件的数据 ······································ 113
 3. 索引器筛选 ·· 113
  3.1 loc 索引器 ·· 114
  3.2 iloc 索引器 ·· 116

任务二 数据清洗 ·· 117

 1. 缺失值处理 ·· 117
  1.1 识别缺失值 isnull()、notnull() ····································· 117
  1.2 常见缺失值处理 ·· 119

  2. 重复值处理 124
    2.1 查找重复值 df.duplicated() 124
    2.2 筛选重复值 df[df.duplicated()] 125
    2.3 删除重复值 df.drop_duplicates() 126
  3. 替换数据 127
 任务三 数据处理 130
  1. 映射函数——map、applymap、apply 130
    1.1 map 131
    1.2 applymap 131
    1.3 apply 132
  2. 数据连接与合并——concat、merge 134
    2.1 concat 134
    2.2 merge 135
  3. 分组聚合——groupby 140
  4. 数据透视——pivot_table 142

第三篇 进阶篇 145

第六章 数据可视化 147
 任务一 matplotlib 应用 147
  1. matplotlib 绘图流程 147
  2. matplotlib 常见图形绘制 150
    2.1 折线图绘制 150
    2.2 柱状图绘制 151
    2.3 组合图形绘制 152
  3. matplotlib 高阶应用 153
    3.1 使用 Excel 表中数据绘图 154
    3.2 多表并行显示 157
 任务二 pyecharts 应用 158
  1. pyecharts 常见图形绘制 158
    1.1 直方图绘制 159
    1.2 折线图绘制 161
    1.3 散点图绘制 161
    1.4 饼图绘制 162
  2. pyecharts 绘图进阶 163
    2.1 添加标题 163
    2.2 添加工具箱 164
    2.3 组合图形 164

2.4　图表并行 ·· 165
　　2.5　多表并行 ·· 166

第七章　Python 在财务中的应用 ·· 168

任务一　Python 与财务会计 ·· 168
1. 职工薪酬计算 ·· 168
　　1.1　职工薪酬分析 ·· 168
　　1.2　分析企业职工薪酬 ·· 174
2. 收入与发票核对 ··· 177
3. 固定资产折旧税收筹划 ··· 187

任务二　Python 与管理会计 ·· 193
1. 货币时间价值 ·· 193
　　1.1　分步计算货币时间价值 ··· 193
　　1.2　自定义函数计算货币时间价值 ··· 195
2. 项目投资决策 ·· 196
　　2.1　项目投资决策——净现值法 ·· 196
　　2.2　项目投资决策——投资回收期法 ·· 200
3. 本量利分析 ··· 200
4. 标准成本差异分析 ·· 205
5. 预算 ··· 209
　　5.1　固定预算和弹性预算 ··· 209
　　5.2　定期预算和滚动预算 ··· 212

第一篇

基础篇

第一章 了解大数据

章节导读

20世纪60年代,半导体、电子集成电路和计算机的发展加速了信息时代的来临,网络通信、自动化系统以及互联网技术得到了大规模普及,消费者、生产者及信息提供者的距离进一步拉近,人类社会进入"信息时代"。

当下,我们正在经历人工智能、物联网、区块链、生命科学、量子物理、新能源、新材料、虚拟现实等一系列创新技术引领的"智能时代"。

大数据是"智能时代"最为热门的技术名词和概念之一,从其诞生之日起就引起了各界的普遍热议,也获得了哲学家、科学家、技术研究者、研发人员的普遍关注。本章主要介绍大数据等相关概念,助力财务从业人员构建大数据思维。

任务一 大数据的概念

1. 信息与大数据

数据是指描述事物的符号记录,是构成信息和知识的原始材料,如图形、声音、文字、数字、字符和符号等。信息一般指数据中所包含的意义,可以使数据中所描述事件中的不确定性减少。数据、信息和知识的关系可以描述为:数据是信息的载体,信息是知识的载体,知识可以从数据中发掘出来。数据挖掘是指从数据(库)中识别出有效、新颖、潜在有用的以及最终可理解的模式的过程,是将底层数据转换为高层知识的过程。

1.1 信息技术革命的发展历程

信息技术革命的发展历程经历了七次信息革命:

第一次信息革命的标志是语言的产生。那个时代主要通过面对面的谈话进行交流,语言的产生使信息得以分享。

第二次信息革命的标志是文字的出现。不管是象形文字还是结绳记事,它们都使得信息得以保护和共享。

第三次信息革命的标志是印刷术的出现。印刷术的应用使得信息传递的容量和范围变得更大。

第四次信息革命的标志是无线电的发明。无线电技术更快地扩展了信息传递的速度以及信息传递的范围。

第五次信息革命的标志是电视的出现。电视使得信息表现的内容更为丰富，人们不仅可以听到声音，而且可以看到影像。

第六次信息革命的标志是计算机和互联网的出现。从此，人类彻底进入了信息共享的时代。

第七次信息革命最重大的转折是人类社会从信息传输时代发展到智能化时代。智能化时代产生了智能互联网，其是由移动互联、智能感应、大数据技术共同形成的新的技术应用。

1.2 大数据

中科院院士梅宏教授在《大数据导论》一书中提到，所谓大数据就是大到无法通过现有手段在合理时间内完成截取、管理、处理并整理成为人类能解读的信息的数据集合；在舍恩伯格和库克耶的《大数据时代：生活、工作与思维的大变革》一书中，大数据是把数学算法运用到海量的数据上预测事情发生可能性的这样的一种技术；维基百科中，大数据是难以用现有的数据库管理工具处理的，兼具海量特征和复杂性特征的数据集成。大数据带来的挑战包括获取、存储、搜索、共享、分析和可视化。

我们认为大数据是指通过新的处理模式，能够提供更强的决策力、洞察力和流程优化能力的海量的、高增长率的、多样化的信息。大数据的本质是时间与空间维度下的人与物、人与人、物与物之间复杂的关联关系，利用大数据能够还原事物原貌、探究规律机理、预判发展变化。网络产生的数据是非常繁杂的，怎么样利用这些数据找规律、看变化，这就是大数据本质性要做的工作。

1.3 大数据的特征

一般认为，大数据主要具有以下四个方面的典型特征，即大量性（volume）、多样性（variety）、高速性（velocity）和价值性（value），即所谓的"4V"，具体如图1-1-1所示。

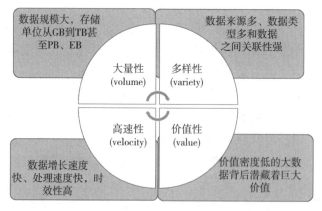

图 1-1-1 大数据的 4V 特征

1.3.1 大量性（volume）

大数据的特征首先就是数据规模大。随着互联网、物联网、移动互联技术的发展，人和事物的所有轨迹都可以被记录下来,数据呈现出爆发式增长。吉姆·格雷提出了著名的"新摩尔定律",即人类有史以来的数据总量,每18个月翻一番。

数字信息已经渗透到我们生活和社会的方方面面,以至于近些年信息生产量的增长似乎势不可挡。截至2022年,每天都会产生5亿条推文、2 940亿封电子邮件、400万GB的Facebook数据、650亿条WhatsApp消息和72万h的YouTube新视频。

1.3.2 多样性(variety)

大数据的多样性主要体现在数据来源多、数据类型多和数据之间关联性强这三个方面。

(1) 数据来源多。之前企业所面对的传统数据主要是交易数据,而互联网和物联网的发展,带来了诸如社交网络、传感器等多种来源的数据。

(2) 数据类型多。在大数据时代,数据格式变得越来越多样,有70%~85%的数据以图片、音频、视频、网络日志、链接信息等半结构化数据和非结构化数据形式存储,且以非结构化数据为主;而传统的企业中,数据都是以表格形式的结构化数据为主。当前的多种数据类型大致分成三类:

一是结构化数据,如财务系统数据、信息管理系统数据、医疗系统数据等,其特点是数据间的因果关系强;

二是半结构化数据,如HTML文档、邮件、网页等,其特点是数据间的因果关系弱;

三是非结构化数据,如视频、图片、音频等,其特点是数据间没有因果关系。

(3) 数据之间关联性强,频繁交互。例如,游客在旅游途中上传的照片和日志,就与游客的位置、行程等信息有很强的关联性。

1.3.3 高速性(velocity)

高速性指数据增长速度快、处理速度快,时效性高,是大数据区别于传统的数据的最显著的特征。比如搜索引擎要求几分钟前的新闻能够被用户查询到,电子商务购物时个性化推荐算法应尽快实时完成推荐。

1.3.4 价值性(value)

尽管我们拥有大数据,但是能发挥价值的仅是其中非常小的部分。价值密度低的大数据背后潜藏的价值巨大。美国社交网站Facebook有超10亿用户,网站对这些用户信息进行分析后,广告商可根据结果精准投放广告。对广告商而言,10亿用户的数据价值十亿美元。

大数据真正的价值体现在从大量不相关的各种类型的数据中,可挖掘出对未来趋势与模式预测分析有价值的数据,即通过机器学习方法、人工智能方法或数据挖掘方法对数据进行深度分析,并将分析结论运用于农业、金融、医疗等各个领域,以创造更大的价值。

2. 大数据思维

在学习大数据之前我们要先建立大数据思维方式,首先要明白大数据的大不仅仅是数据量大,更重要的是它的价值之大,大数据完全颠覆了传统的思维方式。

2.1 全样而非抽样的思维方式

在小数据时代,大多采用抽样调查模式,但是有时也会采用全样调查方式。比如人口普查是指在国家统一规定的时间内,按照统一的方法、统一的项目、统一的调查表和统一的标准时点,对全国人口普遍地、逐户逐人地进行的一次性调查登记。人口大普查耗时耗力,一般来讲10年一次,新中国成立以来共进行了7次人口大普查,人口大普查是一种典型的全数据模式。各国每年需要进行几百次的小规模人口调查,且采取随机采样分析的方式,这是一种样本模式,所以随机采样分析是小数据时代的产物。

在大数据时代我们用什么方式进行数据分析调查呢?由于我们已具备了大数据的各种技术能力,思维需要转换到大数据的全数据模式:样本=全部。大数据不采用随机采样法这样的捷径,而是采用所有数据的方法;在大数据时代采用随机采样法,就像在汽车时代骑马一样,虽然特定情况下仍可采用随机采样法,但是慢慢地我们会放弃它。

2.2 效率而非精确的思维方式

大数据分析出来的结果,可能往往是不精确的。大数据分析更多的是分析出来一个趋势。在非常短暂的时间内,分析者更希望得到大数据分析出来的某一个趋势,不一定要非常的精确。

比如企业做预算不一定非得要精确到每一角每一分,它们预测的是一个区间,且这个区间越快估算出来越好。比如市场部估计销售额在什么样的一个体量区间,如果要准确到几角几分的话,那么整个决策链就会变得很长,决策就会跟不上市场的变化。

2.3 相关而非因果的思维方式

舍恩伯格教授在《大数据时代:生活、工作与思维的大变革》这本书中是这样解释的:大数据的分析都使用相关关系,而不强调因果关系,其实这是一种对无法探究因果的妥协。

在小数据时代、信息缺乏的时代,数据都被设定成因果关系,一个数据必然会影响一个结果。因果关系强调原因与结果,必须同时具有必然的联系,两者的关系属于引起和被引起的关系。相关关系的核心是量化两个数据值之间的数理关系,相关关系是指当一个数据值增加时,另一个数据值很有可能也会随之增加。如美国西部第一次出现飓风时,沃尔玛的防护工具会销售得非常好,而且蛋挞销量也会随之增加。可以这样理解:因为飓风的关系,防护工具卖得特别好,这是因果关系;而蛋挞也卖得好就是数据的相关关系,研究者不知道背后的逻辑,但从数据中可以得出这两者是有相关性的。Kaggle公司作为数据挖掘竞赛公司,在一次关于二手车的数据分析比赛中发现,橙色汽车有质量问题的可能性是其他颜色汽车的一半,这种汽车颜色和质量问题的关系就是相关关系。"为什么"探寻事物的因果关系是人类的本性,但是大数据时代可以做某种程度的妥协,可以只关注"是什么",而忽略"为什么"。

3. 大数据技术面临的挑战

如何从大数据中挖掘出价值,一直是大数据技术应用的难点。依靠单一的技术无法实现。当前大数据面临的挑战包括以下4个方面。

3.1 对数据库管理技术的挑战

传统的数据库不能处理 TB 级别的数据,也不能很好地支持高级别的数据分析。急速膨胀的数据体量即将超越传统数据库的管理能力。如何构建全球级的分布式数据库(globally-distributed database),如何连接数百万的机器、数以百计的数据中心,并处理上万亿的行数据,是数据库管理技术的难点。

3.2 对传统的数据库技术的挑战

传统的数据库技术在处理数据、分析数据、挖掘数据价值时面向的是结构化数据。比如商品的属性、财务报表的属性等都是结构化数据。传统数据库技术结构化数据查询语言(SQL),在设计时就没有考虑非结构化数据,而大数据背景下,大部分的数据是非结构化的,因此对非结构化数据进行处理是当前大数据技术的挑战之一。

3.3 对实时性技术的挑战

一般而言,数据仓库系统、BI(商业智能)应用对处理时间的要求并不高,因此这类应用通过建模,往往运行 1~2 天获得结果。而大数据时代,需要从海量数据中快速挖掘出数据的价值,对实时性技术提出了挑战。

3.4 对网络架构、数据中心、数据运维的挑战

传统的数据存储的模式是服务器+硬盘,但是单台服务器对数据的存储、对硬盘的支持是有限的。大数据社会,数据每天以指数级的速度增长且无上限,这个状况下怎么存储数据,对整个网络架构、数据中心以及数据的运维提出了更多的挑战。

4. 大数据关键技术分类

大数据的关键技术体系通常被分为三个层次,分别是大数据的采集与预处理、大数据的存储与管理、大数据的计算与处理,众所周知的大数据统计分析、数据挖掘、数据可视化均属于大数据的计算与处理范畴。

4.1 大数据采集

数据采集就是把不同的数据汇聚到一起,形成统一的数据资源池。不同的数据类型有不同的采集方式,大数据的采集是多种技术和手段的组合。

第一种,数据库采集。从数据库采集出的数据都是结构化的数据,所用的采集技术主要是 ETL(抽取、转换、加载),该技术有三个阶段,分别是抽取(extraction)、转换(transformation)、加载(loading)。即首先从不同数据源抽取数据,然后按照一定的数据处理规则对数据进行加工和格式转换,最后将处理完成的数据输出到目标数据表中就是加载。

第二种,文本数据采集。文本数据采集采集的是 txt 文档、xml 文档、office 文档或者 PDF 文档里的数据,把这些数据提取出来存储到结构化数据中。

第三种,实时流式数据采集。流数据是指由数千个数据源持续生成的数据,通常也同时以数据记录的形式发送,规模较小(约几千字节)。流数据包括多种数据,如客户使用移动 App 生成的日志文件、网购数据、游戏玩家活动信息、社交网站信息、金融交易大厅或地理空间服务信息,以及来自数据中心所连接设备或仪器的遥测数据。怎么样去采集这

种实时流式数据,怎么样把这些数据送到数据中心存储,是大数据采集所需要解决的问题。

第四种,多媒体数据采集。如何将图片、影像这些多媒体数据采集到平台是数据采集需要解决的问题。

4.2 大数据预处理

将采集到的数据进行存储之前,需要对数据进行预处理,将分散的、多样的数据进行规则化和标准化,使其在经过清洗、集成和关联等各种手段后,形成能做分析的数据。这些数据才是真正要存储起来的数据资产,其应有如下特性:

第一,有数据血缘关系,数据能够溯源。

第二,数据标准化。所有不同来源的数据,都按照业务需求的标准处理好。

第三,目录化。存储起来的数据能形成一个标准的目录,使得数据检索方便。

第四,可以进行数据分析。

第五,能够提供数据应用,即数据资产能够被利用。

4.3 数据存储

对数据进行存储前的预处理后,就可以进行数据存储。大数据存储分为5个类别:

(1) 传统关系型数据库存储

传统关系型数据库主要用来存储有限大小的、结构化的数据,一般用于业务系统,辅助实际业务运转。常用的关系型数据库有两个,第一个是Oracle,它是性能最好的,也是市场上占比最高的商业性数据库;第二个是MySQL,它是开源、免费的数据库,这个数据库在互联网行业用得非常多,它的特点就是数据量相对较小,安全性和稳定性比较高,产品速度比较快。

(2) 海量数据关系型数据库存储

海量数据关系型数据库用来存储数据量较大、数据增长较快的数据,比如传感数据。传感数据是结构化的,但是它增长得非常快,假设6 s传感一次,100万个传感器就会有600条数据,在这样的数据量下,传统数据库明显满足不了需求,这个时候就需要用到海量数据关系型数据库。海量数据关系型数据库技术选型有HBase,它运行在Hadoop上,适合超大数据量的写入,数据按列存储,如果只访问查询涉及的列,那么速度会非常快。

(3) 海量大个文件存储

海量大个文件存储适合存储、访问、下载大个文件,这种文件通常具有百兆级别、GB级别,适于视频网站之类的应用。对于这种大个文件的存储,一般采用分布式文件系统,如Hadoop分布式文件系统(HDFS)。HDFS的特点是可以运行在廉价的商用机器集群上,采用切分存储方式。海量大个文件存储方案的重点是"廉价"两个字,即便宜、性价比高。

(4) 海量小数据存储

海量小数据存储适于对海量小文件进行管理,包括文件的存储、同步、上传、下载,包括一些图片应用。技术选型有FastDFS分布式文件系统,它的特点是不对文件进行切分存储,适合小文件的存储,支持线性扩容。

(5) 非关系型数据库存储

非关系型数据库又被称为 NoSQL（not only SQL），意为不仅仅是 SQL。数据通常以对象的形式存储在数据库中，对象之间的关系通过对象自身的属性来决定。

非关系型数据库存储数据的格式可以是关键值（key-value）形式、文档形式、图片形式等。使用灵活、应用场景广泛，典型技术选型有 MongoDB。MongoDB 是介于关系型数据库和非关系型数据库之间的产品，它的功能非常强大，应用上做得非常像关系型数据库。关系型数据库的特点是支持结构化查询语言，MongoDB 也支持这个特性，它存储的数据结构非常松散，但是也可以通过提供的外壳支持很标准的结构化查询。它的语法有点像面向对象查询语言，所以 MongoDB 也是目前大家在应用软件构建过程中用得比较多的一个非关系型数据库。Membase 也是 NoSQL 家族的一个新的重量级成员。Membase 是开源项目，源代码采用了 Apache2.0 的使用许可，容易安装、操作，可以从单节点方便地扩展到集群，而且为 Memcached（有线协议的兼容性）实现了即插即用功能，在应用方面为开发者和经营者提供了一个较低的门槛。

4.4 大数据管理

将数据存储下来之后就需要对数据进行管理，数据管理与组织的需求和目标有关。任何一个组织拿到海量的数据，可根据组织的需求和目标决定怎么去利用、梳理数据。我们把数据根据组织需求和目标抽象成：组织、架构、流程和规范 4 个方面的数据，这 4 个方面的数据指导我们进行质量管理、主数据管理、标准管理和安全管理。数据管理的目标是让数据满足如下要求：

第一，数据的正确性，数据的质量标准保证数据真实、完备。

第二，数据的高可用性，每一个数据块要有多个在不同机器上的拷贝，且应有灾备应急预案，避免单节点的故障导致应用或服务的故障。

第三，数据的关联性，多点信息组合到一起才是一个完整的、可评估的模型。孤立数据没有意义，关联到一起才能产生巨大的价值。

第四，数据的标准性，数据如果没有标准就很难统一利用和分析。算法是建立在数据标准性基础上的，数据标准是保证分析和挖掘算法顺利执行的起码条件。

第五，数据的开放性。开放性指脱敏后的数据都能共享。

第六，数据的安全性。安全性是针对非共享的数据而言的，这些数据不能让外部的人拿到，且即使是对外共享的数据，也要能进行权限控制。数据的开放性和安全性既对立又统一。

4.5 大数据统计分析

大数据的分析汇总可以采用 R 语言。R 语言是用于统计分析、绘图的语言和操作环境。R 语言是属于 GNU 系统的一个自由、免费、源代码开放的软件，它是一个用于统计计算和统计制图的优秀工具。它提供了一系列统计工具，能进行数学运算，支持大量的统计运算函数，并且能够创造出符合要求的新的统计计算方法。R 语言非常擅长在 Hadoop 分布式文件系统中存储的非结构化数据上进行分析，也可以在 HBase 这种非关系型的数据库上进行分析。

4.6 数据挖掘

数据挖掘（data mining）是从大量的、不完全的、有噪声的、模糊的、随机的数据中提取隐含在其中的、人们事先不知道的、但又是潜在有用的信息和知识的过程。具体的步骤为：第一步，确定数据挖掘对象，根据信息存储格式，挖掘的对象有关系数据库、面向对象数据库、数据仓库、文本数据源、多媒体数据库、空间数据库、时态数据库、异质数据库以及 Internet 等；第二步，定义问题，根据业务问题确定挖掘目的；第三步，数据准备，如数据预处理、数据再加工等；第四步，数据挖掘，根据数据功能的类型和数据的特点选择相应的算法，在净化和转换过的数据集上进行数据挖掘，数据挖掘的方法包括神经网络方法、遗传算法、决策树方法、统计分析法等；第五步，结果分析，对数据挖掘的结果进行解释和评价，并将结果转换成为能够最终被用户理解的知识。

4.7 数据可视化

数据可视化是指将大型数据集中的数据用图形图像的形式表示，并利用数据分析和开发工具发现其中未知信息的处理过程。数据可视化与信息图形、信息可视化、科学可视化以及统计图形密切相关。当前，在研究、教学和开发领域，数据可视化是一个极为活跃而又关键的方面。

任务二　大数据的基础知识

1. 大数据安全

1.1 大数据安全的定义

大数据安全不仅是指大数据质量的安全问题，还包括大数据整个处理过程的方方面面的安全。首先是安全标准的规范化和法律法规，然后是数据从采集到存储和使用上的安全，包括基础设施的安全、技术的安全、方法的安全。

1.2 大数据安全现状

从斯诺登曝光美国全球监控计划来看，实际上其曝光的不仅是一个所谓的监控，而是很大程度上说明了网络安全中攻防的行为，包括个人上网的行为、习性、轨迹，很多数据都可以被精确地定位并找到数据源。大数据的安全问题表现在：

一是网络攻击呈愈演愈烈之势。如今的网络攻击，往往是通过各种手段获得政府、企业或者个人的私密数据。因此在大数据时代，数据的收集与保护成为竞争的着力点。从隐私的角度来看，大数据时代把网络大众带到了一种开放透明的"裸奔"时代。

二是数据技术时代面临开放与安全的二元挑战。大数据获得开放的同时，也带来了人们对数据安全的隐忧。大数据安全是"互联网＋"时代的核心挑战，安全问题具有线上和线下融合在一起的特征。

传统解决网络安全的基本思想是划分边界，在每个边界设立网关设备和网络流量设备，用守住边界的办法解决安全问题。但随着移动互联网、云服务的出现，网络边界实际上已经消亡了。信息安全的危险正在进一步升级,在 APT 攻击、DDos 攻击、异常风险、网络漏洞等威胁下,传统防御型、检测型的安全防护措施已经力不从心,无法满足新形势下的要求。

三是难以用有效的方式向用户申请权限,实现角色预设;难以检测、控制开发者的访问行为,防止过度的大数据分析、预测和连接。在大数据时代,对于很多数据,在收集时并不知道其用途是什么,往往是二次开发创造了价值,公司无法事先告诉用户尚未想到的用途,而个人也无法同意这种尚是未知的用途。所以这样一种威胁状态是值得我们去面对和思考的问题。

1.3 网络安全和用户隐私问题

1.3.1 大数据存储安全问题

大数据使数据量呈非线性增长,而复杂多样的数据集中存储在一起,多种应用的并发运行以及频繁无序的使用状况,有可能会导致数据类别存放错位情况的出现,造成数据存储管理混乱或导致信息安全管理不合规范。现有的存储和安全控制措施无法满足大数据安全需求,安全防护手段如果不能与大数据存储和应用安全需求同步升级更新,大数据存储安全防护就会出现漏洞。

1.3.2 大数据安全搜索挑战问题

我们需要更高效更智慧地分割数据,搜索、过滤和整理信息的理论与技术,以应对越来越庞大的数据处理量,特别是在实时性数据变化加快,以及非结构化数据品种增多的情况下。大数据安全搜索服务将上述浩瀚数据整理分类,可以帮助人们更快更高效地从中找到所需要的内容和信息。

大数据安全搜索挑战涉及通信网络的安全、用户兴趣模型的使用安全和私有数据的访问控制安全,包括传统搜索过程中可能出现的网络安全威胁,比如相关信息在网络传输时被窃听的危险以及恶意木马、钓鱼网站等,也包括服务器端利用通信网络获取用户隐私的危险。

1.3.3 大数据支撑平台——云计算安全问题

云计算的核心安全问题是用户不再对数据和环境拥有完全控制权,云计算的出现彻底打破了地域的概念,数据不再存放于某个确定的物理节点,而是由服务商动态提供存储空间,这些空间有可能是现实的,也有可能是虚拟的,还可能分布在不同国家及地区。

用户对存放在云中的数据不能像从前那样具有完全的管理权,相比传统的数据存储和处理方式,云计算时代的数据存储和处理,对于用户而言,变得非常不可控。云环境中用户数据安全与隐私保护难以实现。

1.3.4 大数据用户隐私保护问题

大数据分析预测带来了用户隐私挑战。从核心价值角度来看,大数据关键在于数据分析和利用,但数据分析技术的发展,会对用户隐私造成极大的威胁。在大数据时代,想屏蔽外部数据商挖掘个人信息是不可能的。

目前,各社交网站均不同程度地开放其用户所产生的实时数据,这些数据可能被一些数据提供商收集,且目前还出现了一些数据的分析机构。它们通过人们在社交网站中写入的信息、智能手机显示的位置信息等多种数据组合,已经可以以非常高的精度锁定个人,挖掘出个人信息体系,用户隐私安全问题堪忧。

1.3.5 大数据共享安全性问题

我们不知道该如何分享私人数据,才能既保证数据隐私不被泄露,又能保证数据的正常使用。真实数据不是静态的,数据量会越变越大,并且随着时间的变化而变化。当前没有一种技术能在这种情况下产生任何有用的结果。

许多在线服务要求人们共享私人信息,但是,在记录级的访问控制之外,人们根本不知道共享数据意味着什么,不知道共享后的数据会怎样被连接起来,更不知道如何让用户对共享后的数据仍能进行精细控制。

1.3.6 大数据访问控制难题

访问控制是实现数据受控共享的有效手段,由于大数据可能被用于多种不同场景,其访问控制需求十分突出,因此难以预设角色,实现角色划分。大数据应用范围广泛,它通常要被来自不同组织或部门、具有不同身份与目的的用户所访问,实施访问控制是基本需求。然而,在大数据的场景下,有大量的用户需要实施权限管理,且用户具体的权限要求未知,面对未知的大量数据和用户,预先设置角色十分困难。

同时,每个角色的实际权限难以预知。面对大数据,安全管理员可能无法准确为用户指定其可以访问的数据范围,而且这样做效率不高。

不同类型的大数据存在多样化的访问控制需求。例如,在Web2.0个人用户数据中,存在基于历史记录的访问控制需求;在地理地图数据中,存在基于尺度以及数据精度的访问控制需求;在流数据处理中,存在数据时间区间的访问控制需求等。因此,如何统一地描述与表达访问控制需求是一个挑战。

1.3.7 大数据的可信性难以保障

网络的数据并非都可信,这主要反映在伪造的数据和失真的数据两个方面。有人可能通过伪造数据来制造假象,进而对数据分析人员进行诱导;或者数据在传播中逐步失真,这可使大数据分析和预测得出无意义或错误的结果。冯登国院士认为:用信息安全技术手段鉴别所有数据来源的真实性是不可能的。过去往往认为"有图有真相",事实上图片可以移花接木、时空错乱,或者照片是对的,可是文字解释是捏造的。

1.4 大数据安全保护措施

1.4.1 加密

静态数据和传输中数据的可扩展加密对于扩大数据管道通道至关重要。可扩展性是这里的关键点,因为除了NoSQL等存储格式之外,需要跨分析工具集及输出加密数据。加密的作用在于,即使威胁者设法拦截数据包或访问敏感文件,实施良好的加密过程也会使数据不可读。

1.4.2 用户访问控制

获得访问控制权可针对一系列大数据安全问题提供强大的保护,例如内部威胁和特权过剩。基于角色的访问可以控制对大数据管道多层的访问。例如,数据分析师可以访问R等分析工具,但他们不可以访问大数据开发人员使用的工具,如ETL软件。最小权限原则是访问控制的一个很好的参考点,它限制了对执行用户任务所必需的工具和数据的访问。

1.4.3 云安全监控

大数据工作负载所需要的固有的大存储容量和处理能力,使得大多数企业更倾向于使用共享的大数据、云计算基础设施和服务。尽管云计算很有吸引力,但是暴露的API(应用程序编程接口)密钥、令牌和错误配置都是云中值得认真对待的风险。如果有人将S3(简单存储服务)中的AWS(亚马逊网络服务)数据湖完全开放,并且供互联网上的任何人访问,那么会怎么样?有了自动扫描工具,可以快速扫描公共云资产以寻找安全盲点,从而更容易降低这些风险。

1.4.4 网络流量分析

由于数据来自许多不同的来源,包括来自社交媒体平台的流数据和来自用户终端的数据,因此大数据管道中会有持续的流量。网络流量分析提供了对网络流量和任何潜在异常的可见性,例如来自物联网设备的恶意数据或正在使用的未加密通信协议。

1.4.5 威胁追踪

威胁追踪是指主动搜索潜伏在网络中未被发现的威胁。这个过程需要经验丰富的网络安全分析师,利用来自现实世界的攻击、威胁活动的情报或来自不同安全工具的相关发现,制定关于潜在威胁的假设。具有讽刺意味的是,大数据实际上可以通过发现大量安全数据中隐藏的洞察力来帮助改进威胁追踪工作。但作为提高大数据安全性的一种方式,威胁追踪会监控数据集和基础设施,以寻找表明大数据环境受到威胁的工件。

1.4.6 用户行为分析

用户行为分析比内部威胁检测更进一步,它提供了专门的工具集来监控用户在与其交互的系统上的行为。通常情况下,行为分析使用一个评分系统来创建正常用户、应用程序和设备行为的基线,然后在这些基线出现偏差时进行提醒。通过用户行为分析,可以更好地检测威胁大数据环境中资产的保密性、完整性或可用性的内部威胁和受损的用户账户。

1.4.7 数据泄露检测

未经授权的数据传输的前景让安全领导者彻夜难眠,特别是有时数据泄露是发生在可以复制大量潜在敏感资产的大数据管道中。检测数据泄露需要对出站流量、IP地址和流量数据进行深入监控。防止数据泄露应密切关注来自代码和错误配置中发现有害安全错误的工具,以及数据丢失预防和下一代防火墙。同时还应注重对员工进行教育,提升其数据安全意识。

2. 数据交换与共享

2.1 什么是数据交换与共享

数据交换与共享就是使不同地方使用不同计算机、不同软件的用户能够读取他人数据并进行各种操作运算和分析。也就是当数据从一个系统跨授权边界访问或传递到另一个系统时,就需要使用一个或多个协议来指定每个组织的责任、要访问或交换的数据类型和影响界别、如何使用交换数据,以及在交换系统的两端处理、存储或传输数据时如何保证数据安全。例如,内部与内部之间的数据交换与共享,企业与企业之间的数据交换与共享,以及政府或企业对个人或服务提供商的数据交换与共享。常见的数据交换与共享场景包括但不限于:在授权用户之间共享数据和信息;提供对数据的自定义访问;合作进行联合项目;提供完整的、短暂的、间歇性的、永久的或临时的数据交换共享活动;通过交换与共享减少数据收集工作量和成本;提供在线培训;为关键数据和备份文件提供安全存储。

2.2 数据交换与共享的意义

实现数据交换与共享,可以使更多的人充分地使用已有数据资源,减少资料收集、数据采集等重复劳动和相应费用,而把精力重点放在开发新的应用程序及系统集成上。总的来说可以为组织带来降低运营成本、增强业务能力、提高效率、集中访问数据以减少重复数据集、促进组织间的沟通与合作、加强参与组织之间的联系等益处。

2.3 数据交换与共享的方法

数据交换与共享的常见方法包括但不限于:电子或数字文件传输、通过便携式存储设备的数据交换、通过电子邮件的数据交换、数据库共享或数据库事务信息交换,以及基于网络或云的服务。

2.3.1 电子或数字文件传输

数据可以通过电子或数字文件传输进行交换,通过文件传输(通信)协议在两个系统之间传输文件(数据)。各组织需要考虑使用不同文件传输协议带来的安全风险。文件传输协议包括 FTPS、HTTPS 和 SCP。

2.3.2 便携式存储设备

在某些情况下,可能需要使用便携式存储设备交换数据,例如可移动磁盘[数字视频光盘(DVD)或通用串行总线(USB)等]。各组织需要考虑被传输数据的影响级别以及数据将要传输到的系统的影响级别,以确定所交换的数据是否采取了足够的措施。

2.3.3 电子邮件

各组织经常通过电子邮件以附件的形式共享数据。各组织需要考虑参与组织的电子邮件基础设施的影响级别和已经实施的安全控制,以确定是否实施了足够的控制措施来保护正在交换的数据,例如,在中等影响级别受保护的电子邮件基础设施不足以保护高影响级别的数据。

2.3.4 数据库

数据库共享或数据库事务信息交换,包括来自另一个组织的用户对数据的访问。各组织需要考虑的是提供数据访问而不是传输数据的可行性,以减少重复数据集以及降低数据机密性和完整性损失的风险。

2.3.5 文件共享服务

文件共享服务包括但不限于通过基于 Web 的文件共享或存储系统共享数据和访问数据(例如 Drop Box、Google Drive、MS Teams 或 MS One Drive)。使用基于 Web 的文件共享或存储系统,该系统无法让数据所有者了解服务器所在位置,或对设施、服务器和数据进行物理和逻辑访问。

2.4 数据交换与共享的原则

数据交换与共享服务以数据为核心，解决如何将数据方便、高效、安全地共享出去，降低数据获取难度，提升数据需求体验和效率的问题。通过平台的建设，提供不同的数据交换与共享服务形式，满足不同类型的数据交换与共享服务需求。总的来说，数据交换与共享服务的建设主要有以下原则：

2.4.1 一致性原则

提供数据交换与共享服务前，要确定每项数据的源头单位，由源头单位对数据的准确性、一致性负责。减少数据"搬家"，从而减少向下游二次传递所造成的数据不一致问题。

2.4.2 黑盒原则

数据使用方不用关注技术细节，仅需要满足不同类型的数据交换与共享服务需求。

2.4.3 敏捷响应原则

数据交换与共享服务一旦建设完成，并不需要按数据使用方要求重复构建集成通道，而是通过"订阅"该数据交换与共享服务快速获取数据。

2.4.4 可溯源原则

所有数据交换与共享服务的使用都可管理，数据供应方能够准确、及时地了解"谁"使用了自己的数据。

2.5 数据交换与共享的注意事项

2.5.1 明确权属问题

需要保证交换与共享不改变数据的归属权，解决数据提供部门的后顾之忧。

2.5.2 解决信任问题

一方面是使用方对数据的信任，保证数据是有效的、完整的；另一方面是提供方对数据不被它用的信任。

2.5.3 保证可追溯

交换与共享的提供和使用过程要可追溯，以便解决纠纷，明确责任。如果数据用在不该用的地方或者产生了隐私安全问题，那么可以追溯到这个问题出在哪个环节上，该由哪个部门来负责。这样在数据使用过程中，可以确认权责，建立与权责匹配的问责体系。

2.5.4 做到可持续

达成共享之后，只要条件不变就能一直共享下去，这样可降低部门间的沟通协调成本，最终得到我们所希望的结果。

3. 大数据交易

3.1 大数据交易的概念及特点

在法学学科中，通俗地看，交易近似于"买卖行为"，买卖双方达成协议，一方通过出让某物以换取另一方支付的对价，各取所需，实现资源的流转。根据《中华人民共和国数据安全法》第三条第一款的规定，所谓数据，是指任何以电子或者其他方式对信息的记录。由此，对大数据交易一个简单的理解就是：不同主体之间达成合意以有偿或无偿的形式，将自己以一定形式掌握或控制的任何以电子或者其他方式对信息的记录,进行价值交换以满足不同主体需求的行为。

由于大数据交易的对象是无形的、非实体的,因此可由多主体同时对其实现非排他性的占有和支配。又由于大数据交易的主体、客体以及交易时间相较于其他有体物的交易十分灵活自由,因此总体而言,大数据交易具有隐蔽性、无形性、灵活性、即时性以及非排他性的特点。但大数据交易的特点是一把双刃剑,例如大数据交易的无形性和隐蔽性会使得用户难以有效掌控自己的数据,如对于将数据存储或备份在云服务器中的行为,系用户委托云服务商妥善保管其数据,此时云服务商是否会利用甚至直接使用、共享此间存储的数据则完全凭借自觉。更为甚者,大数据交易的无形性和隐蔽性也为非法的"数据黑色产业链"提供了便捷,为非法盗取的数据提供了很好的销赃渠道。

3.2　大数据交易的主体

目前,我国大数据交易中主要涉及三方主体,分别是数据提供方(主要包括数据开源方与数据来源代理方)、数据接受方和数据交易平台,不同的大数据交易主体扮演着不同的角色。其中,数据提供方和接受方大多数都是以盈利为目的的商业主体,以有偿的方式提供和接受商业市场数据。然而,出于政策风险、合规风险等考量,目前我国数据提供方与接收方多为央企、国企、科研院所和高校等研究机构,真正有数据需求的商业主体(主要是企业)还未真正参与进来。交易平台则是为数据交易双方提供服务的主体,为其提供交易渠道,属于数据交易的"中介机构",并且大部分数据交易平台仅为交易双方提供交易所必需的一系列服务而不实际存储和处理数据,即仅仅对数据进行简单的脱敏处理。

3.3　大数据交易模式的分类

目前,按业务模式,大数据交易模式可大致分为三种:直接交易模式、"一对多"的单边交易模式和第三方交易模式。

直接交易模式是指数据交易双方自己寻找交易对象,进行原始数据合规化的直接交易。

"一对多"的单边交易模式是指数据交易机构对自身拥有的数据或通过购买、网络爬虫等收集来的数据,进行分类、汇总、归档等初加工,将原始数据变成标准化的数据包或数据库再进行出售。

第三方交易模式是指数据供求双方通过政府监管下的大数据交易所(中心)等第三方数据交易平台进行的撮合交易。

3.4　大数据交易模式的分析

3.4.1　直接交易模式的利弊分析

在直接交易模式下,数据产品会依市场需求生成,数据供需双方自行商定数据产品或服务的类型、购买期限、使用方式和转让条件等内容,该交易模式灵活性强,适合用户需求明确、内容复杂的数据内容。但直接交易风险较高,在市场准入、交易纠纷、侵犯隐私、数据滥用等环节,"无人管理"现象频频发生,容易形成非法收集、买卖、使用个人信息等违法数据交易产业。

3.4.2 "一对多"的单边交易模式的利弊分析

"一对多"的单边交易模式有利于数据的专业化开发和规模化应用,便于监管。但由于目前数据集中在少数企业手中,存在会员门槛高、定价不透明、无法满足个性化需求等问题,容易造成数据垄断,最终不利于数据要素价值的充分释放。

3.4.3 第三方交易模式的利弊分析

第三方交易模式可以使数据提供方的数据产品获得更多撮合交易的机会,有效避免数据供需双方的信息不对称问题,数据主体权益在一定程度上可以得到保障,满足交易灵活性与规范性的要求,同时也有效降低政府部门的监管难度。目前,由于行业性问题(比如数据供给、数据确权、数据定价等)未解决,各大数据交易所(中心)仍在积极探索新的交易模式和发展方向。

3.5 我国大数据交易模式概况分析

3.5.1 数据供给难、确权难、定价难等行业性问题未解决

当前,大数据交易面临普遍存在的数据供给难、确权难、定价难、互信难、监管难、安全难六大问题,具体体现在数据质量差,数据权属难确认,数据价值难以统一、无法衡量,数据供需双方不信任,数据监管尺度不一和数据要素流通安全难保障等方面。

3.5.2 规范数据交易行为的法律法规仍然缺位

尽管国家宏观政策明确鼓励大数据交易,但规范大数据交易行为的法律法规仍然缺位。由于国家层面的数据交易法律法规和行业标准尚未推出,为了规范进场交易行为,各大数据交易所(中心)制定并出台符合各自要求及特点的大数据交易行为规范,但大数据在不同平台间流通也会增加制度、规则、技术等方面的障碍。

3.5.3 大数据交易所(中心)交易方式有待创新

目前,全国各个大数据交易所(中心)的交易模式仍然以撮合数据交易为主。大数据交易所(中心)不应止步于仅作为提供大数据交易的"场所",还可尝试在基于大数据提供增值服务、推动公共数据与社会数据融合、积极发挥数据经纪人中间人作用和构建完善数据交易市场层级结构方面创新。

第二章　Python 基础知识

> **章节导读**

　　Python 是一种免费的解释性语言,具有面向对象的特性,可以运行在多种操作系统平台上。Python 具有清晰的结构、简洁的语法以及强大的功能。Python 可以完成从文本处理到网络通信等的各种工作。Python 自身已经提供了大量的模块来实现各种功能,除此以外还可以使用 C/C++扩展 Python,甚至还可以将 Python 嵌入其他语言中。

任务一　认识 Python

1. Python 的发展历史

　　Python 是一门广受欢迎的高级编程语言,它以其简洁、优雅、易读的语法和强大的功能而闻名(图 2-1-1)。Python 的设计哲学是"优美胜于丑陋,简单胜于复杂,可读性很重要"。Python 支持多种编程范式,包括面向对象、过程式、函数式和元编程。Python 还拥有丰富的标准库和第三方模块,可以实现各种各样的应用,如从网站开发到数据分析,从游戏制作到人工智能。Python 标志图如图 2-1-1 所示。

图 2-1-1　Python 标志图

Python 是 20 世纪 80 年代后期由荷兰国家数据与计算机科学研究中心（Centrum Wiskunde&Informatica，CWI）的吉多·范罗苏姆（Guido van Rossum）构思的，可作为 ABC 编程语言的替代品。Python 的名字来源于 Guido 喜爱的电视剧《蒙提·派森的飞行马戏团》。Python 的目标是创造一种简单易用、功能全面、可扩展的语言，其适合于编写脚本和快速开发应用。

Python 的第一个版本于 1991 年发布，自此其不断更新和增加新功能，逐渐成为一种流行和广泛使用的语言。Python 具有以下特点：

- 语法简洁清晰，易于阅读和编写。
- 是动态类型的语言，无须声明变量类型。
- 支持多种编程范式，如面向对象、过程式、函数式和元编程。
- 有丰富的标准库和第三方库，提供各种功能和模块。
- 有强大的内置数据结构，如列表、元组、字典和集合。
- 有自动内存管理和垃圾回收机制，从而减少内存泄漏和资源浪费。
- 可以轻松地与 C、C++ 或其他语言扩展和集成。
- 可以跨平台运行，支持多数操作系统和环境。
- 有活跃的社区和开发者，不断改进和完善语言。

Python 的发展历史可以分为以下几个阶段：

Python 1.x：1991 年至 2000 年，是 Python 语言的初始阶段，主要实现了基本的语法结构、数据类型、异常处理、模块系统等特性。Python 1.0 于 1994 年发布，引入了 lambda 表达式、map、filter 和 reduce 等函数式编程工具。Python 1.6 于 2000 年发布，是 Python 1.x 系列的最后一个版本。

Python 2.x：2000 年至 2020 年，是 Python 语言的成熟阶段，主要增加了许多新功能和改进，如 Unicode 支持、列表推导、垃圾回收机制、生成器、装饰器、迭代器协议、新式类等。Python 2.0 于 2000 年发布，引入了循环引用检测垃圾回收机制和全局解释器锁（GIL）。Python 2.4 于 2004 年发布，同年 Django 框架诞生。Python 2.7 于 2010 年发布，是 Python 2.x 系列的最后一个版本。Python 2.7 原定于 2015 年结束支持，后延长至 2020 年，并确认不会有 2.8 版本发布。

Python 3.x：2008 年至今，是 Python 语言的现代阶段，主要进行了一些重大的改变和优化，如移除旧式特性、统一文本和二进制数据模型、增加类型注解、异步编程支持等。Python 3.0 于 2008 年发布，不完全兼容 Python 2.x，并提供了 2to3 工具帮助迁移代码。Python 3.6 于 2016 年发布，引入了格式化字符串字面量（f-string）等新特性。Python 3.9 于 2020 年发布，移除了 distutils 包等已弃用的 API。截至 2023 年 10 月，Python 3.12 是最新稳定版本。

Python 发展历史如图 2-1-2 所示。

Python 作为一门开源、跨平台、多范式的编程语言，已经成为世界上最受欢迎的编程语言之一。

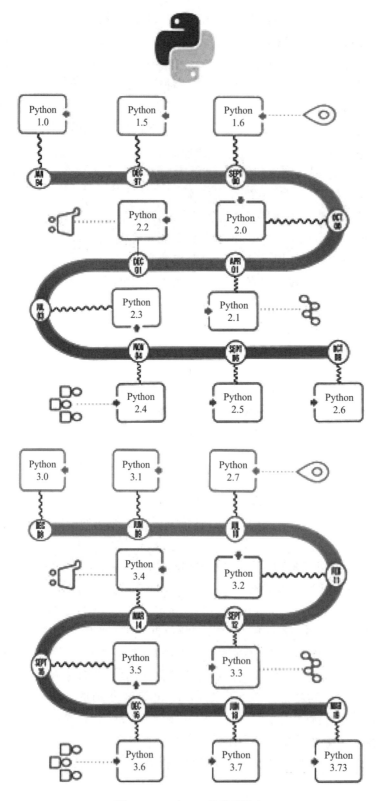

图 2-1-2 Python 的发展历史

截至2023年9月的编程语言排行榜显示,Python依然排行第一,占比为14.16%;C语言排行第二,占比为11.27%;C++排行第三,占比为10.65%。

Python在各个领域都有广泛的应用,尤其是在数据科学、机器学习、人工智能等热门领域,Python凭借其简单易用、功能强大、生态丰富的优势,成为许多专业人士和爱好者的首选。

Python的未来充满了无限的可能性。随着Python社区的不断壮大,Python将会继续发展和创新,为编程人员提供更好的体验和更多的选择。Python也将会继续秉承开放、多元、协作的精神,为世界带来更多的价值。正如Guido所说:"Python是一种生活方式,而不仅仅是一种编程语言。"

2. Python的特点及优势

Python是目前流行的脚本语言之一,它是由Guido van Rossum创建的。Python语言主要受到教学语言ABC和Modula-3的影响,因此被设计得简洁、优美,却又不失脚本的灵活性和强大的功能。Python的主要特点可以用图2-1-3来表示。

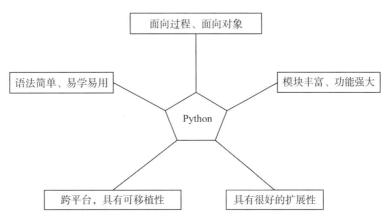

图2-1-3 Python的特点

Python最大的特点是其独特而又简单的语法。在Python中,可以用不同的缩进量表示代码所属的语句块,不需要使用C/C++中的花括号"{}"。对于学过C/C++并长期使用C/C++的用户来说,可能对Python的缩进语法感到不适应,但强制性的缩进使得代码看起来很清晰,并且使用缩进也在一定程度上减少了代码输入量,因为省去了一对花括号。当然,前提是所使用的代码编辑器支持自动缩进。

Python的语法很简单,对于初学者来说,学习并使用Python并不困难,甚至仅花费几天时间进行短暂的学习后就可以使用Python编写出"引以为傲"的非常实用的脚本。作为脚本语言的Python非常灵活,使用它可以实现各种各样的功能。虽然Python被称为脚本语言,通常来说脚本语言都是解释性的语言,不需要编译过程,但是Python具有编译过程,它会将脚本编译成字节码的形式。一般不需要将脚本进行自我编译,Python自己会根据需要编译。通常情况下,只有作为模块的脚本才会被编译成字节码的形式。

Python 遵循 GPL 协议，是源代码开放的软件。用户不仅可以免费使用 Python 编写脚本，还可以阅读 Python 的源代码，了解 Python 的内部功能，甚至还可以参与到 Python 的开发之中，为 Python 的发展做出贡献。

Python 不是唯一的选择，但 Python 却是不错的选择。为什么使用 Python，这首先取决于用户。面对简单易学而且功能强大的 Python，越来越多的人选择使用它来完成各种各样的任务。

• Python 是自由软件

Python 遵循 GPL 协议，是自由软件。这是 Python 流行的原因之一。用户使用 Python 不需要支付任何费用，也不用担心版权的问题。Python 甚至可以用于商业用途，而且很多商业软件公司也开始将自己的产品变为开源的，例如 Java。作为开源软件的 Python 将具有更强的生命力。

作为自由软件，最令人鼓舞的就是可以阅读其源代码，发现其中的神奇之处。当深入地使用 Python 以后，可能会发现 Python 的某些特性，而这些特性并没有详细的文档说明，此时可以阅读 Python 的源代码详细地了解 Python 的这些特性。

• Python 是跨平台的

跨平台、良好的可移植性是 C 语言成为经典编程语言的关键，而 Python 正是由可移植的 ANSI C 编写的，这意味着在 Windows 下编写的 Python 脚本可以轻易地运行在 Linux 下。当然如果在 Python 脚本中使用了 Windows 的某些特性，比如 COM，那么就另当别论了。

Python 最早就是在 Mac 操作系统下实现的，有很强的可移植性。因此，如果将可移植性作为选择编程语言的首要考虑因素，那么 Python 是很好的选择。

• Python 功能强大

Python 强大的功能也许是很多用户支持 Python 的最重要原因。从字符串处理到复杂的 3D 编程，Python 借助扩展模块都可以轻易完成。实际上 Python 的核心模块已经提供了足够强大的功能，使用它精心设计的内置对象可以完成功能强大的操作。

Python 可以使用在多个领域，如系统编程，帮助用户完成烦琐的日常工作；科学计算，它简洁的语法可以使用户像使用计算器一样完成科学计算；快速原型，它省去了编译调试的过程，可以快速地实现系统原型；Web 编程，使用它可以编写 CGI（公共网关接口），而现在流行的 Web 框架也可以使用 Python 实现。

• Python 是可扩展的

Python 提供了扩展接口，使用 C/C++可以对 Python 进行扩展。

Python 可以嵌入 C/C++编写的程序之中。在 C/C++编写的程序中可以使用它完成一些 C/C++实现起来较复杂的任务。在某些情况下，它可以作为动态链接库的替代品在 C/C++中使用。

Python 可以很容易地被修改、调试，而不需要重新编译。

• Python 易学易用

Python 的语法十分简单，而且其中的数据类型的概念十分模糊。在使用变量时无须事先声明变量的类型,且使用 Python 不必关心内存的使用,它会自动地分配、回收内存。Python 提供了功能强大的内置对象和方法。使用 Python 可以减少其他编程语言所具有的复杂性,例如在 C 语言中使用数十行代码实现的排序,而在 Python 中,使用列表的排序函数就可以轻易完成。

3. Python 的应用领域

• Web 应用开发

Python 包含标准的 Internet 模块,可用于实现网络通信及应用。例如,通过 mod_wsgi 模块,Apache 可以运行用 Python 语言编写的 Web 程序。Python 定义了 WSGI 标准应用接口以协调 HTTP 服务器与基于 Python 的 Web 程序之间的通信。Python 的第三方框架,如 Django、TurboGears、web2py、Zope、Flask 让程序员可以使用 Python 语言快速实现一个网站或 Web 服务,轻松地开发和管理复杂的 Web 程序。目前许多大型网站均是用 Python 开发的,如 Google 爬虫、豆瓣、视频网站 YouTube、网络文件同步工具 Dropbox 等。

• 科学计算和统计

Python 语言的简洁性、易读性和可扩展性使它被广泛应用于科学计算和统计领域。专用的科学计算扩展库包括 NumPy、SciPy、Matplotlib 等,它们分别为 Python 提供了快速数组处理、数值运算和绘图功能。因此,Python 语言及其众多的扩展库所构成的开发环境十分适合工程技术科研人员处理试验数据、制作图表、绘制高质量的 2D 和 3D 图像,甚至开发科学计算应用程序。众多开源的科学计算软件包都提供了 Python 的调用接口,例如,著名的计算机视觉库 OpenCV、三维可视化库 VTK、医学图像处理库 ITK 等。

• 人工智能与大数据

在大量数据的基础上,结合科学计算、机器学习等技术,对数据进行清洗、去重、规格化和针对性的分析是大数据行业的基石。随着人工智能、大数据的发展,Python 语言的地位正在逐步提高,其相对简单的代码编写促使越来越多的人选择学习,目前 Python 语言已成为数据分析的主流语言之一。

Python 语言在人工智能大范畴领域内的机器学习、神经网络、深度学习等方面都是主流的编程语言,得到广泛的支持和应用。基于大数据分析和深度学习发展而来的人工智能本质上已经无法离开 Python 语言的支持,目前世界优秀的人工智能学习框架如 Google 的 TensorFlow、Facebook 的 PyTorch 和开源社区的神经网络库 Karas 等都是用 Python 语言实现的。微软的 CNTK(认知工具包)也完全支持 Python 语言,而且微软的 VSCode 已经把 Python 语言作为第一级语言进行支持。

• 系统运维

Python 语言是运维工程师首选的编程语言,Python 标准库包含多个调用操作系统功能的库。通过 Pywin32 这个第三方软件包,Python 能够访问 Windows 的 COM 服务及其他 Windows API。使用 IronPython,Python 程序能够直接调用.NET Framework。一般来说,Python 语言编写的系统管理脚本在可读性、性能、代码重用度、扩展性几方面都优于普通的 Shell 脚本。在很多操作系统里,Python 是标准的系统组件。大多数 Linux 发行版以及 NetBSD、OpenBSD 和 Mac OS X 都集成了 Python,可以在终端下直接运行 Python。作为运维工程师首选的编程语言,Python 在自动化运维方面已经获得了广泛的应用,如 Saltstack 和 Ansible 都是大名鼎鼎的自动化平台。目前,几乎所有的互联网公司,自动化运维的标准配置就是 Python ＋ Django / Flask。另外,在虚拟化管理方面已经是事实标准的 OpenStack 也是由 Python 实现的,可以说,Python 语言是所有运维人员的必学语言之一。

• 图形界面开发

从 Python 语言诞生之日起,就有许多优秀的 GUI 工具集整合到 Python 当中,使用 Tkinter、wxPython、PyQt 库等可以开发跨平台的桌面软件。这些优秀的 GUI 工具集使得 Python 也可以在图形界面编程领域大展身手。由于 Python 语言的流行,许多应用程序都是由 Python 结合那些优秀的 GUI 工具集编写的。

4. Python 环境搭建

本书将以最新的 Python 3.x 版本为基础,请确保电脑上有对应版本。

在 Windows 上安装 Python:

第一步

根据你的 Windows 版本(64 位还是 32 位)从 Python 的官方网站下载对应的 Python 3.5,另外,Windows 8.1 需要选择 Python 3.4,地址如下:

• Python3.5 64 位安装程序 https://www.python.org/ftp/python/3.5.0/python-3.5.0-amd64.exe

• Python3.5 32 位安装程序 https://www.python.org/ftp/python/3.5.0/python-3.5.0.exe

• Python3.4 64 位安装程序 https://www.python.org/ftp/python/3.4.3/python-3.4.3.amd64.msi

• Python3.4 32 位安装程序 https://www.python.org/ftp/python/3.4.3/python-3.4.3.msi

• 网速慢的同学请移步国内镜像 http://pan.baidu.com/s/1bnmdlzx,然后运行下载的 EXE 安装包,如图 2-1-4 所示。

特别要注意勾上 Add Python 3.5 to PATH,然后点击"Install Now"即可完成安装。默认会安装到 C:\Python35 目录下。

第二步

打开命令提示符窗口(方法是点击"开始"—"运行"—输入:"cmd"),敲入 Python 后,会出现两种情况。

● 情况一:

看到如图 2-1-5 所示的画面,就说明 Python 安装成功。

看到提示符>>>就表示我们已经在 Python 交互式环境中了,可以输入任何 Python 代

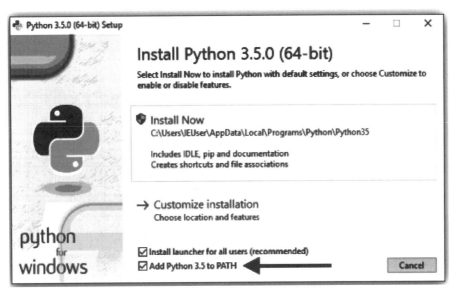

图 2-1-4　安装包

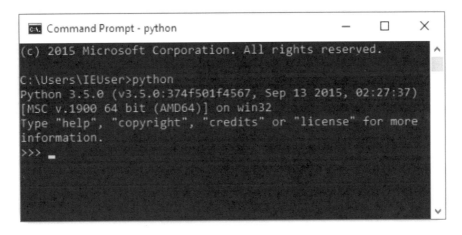

图 2-1-5　安装界面(1)

码,回车后会立刻得到执行结果。输入 exit()并回车,就可以退出 Python 交互式环境(直接关掉命令行窗口,或者使用快捷键"Ctrl+C"也可以)。

●情况二:得到一个错误

出现如图 2-1-6 所示的画面,这是因为 Windows 会根据一个 path 的环境变量设定的路径去查找 Python.exe,如果没找到,那么就会报错。如果在安装时漏掉了勾选 Add Python 3.5 to PATH,那么就要手动把 Python.exe 所在的路径添加到 path 中。

如果不知道怎么修改环境变量,那么建议把 Python 安装程序重新运行一遍,务必记得勾上 Add Python 3.5 to PATH。

Python不是内部或外部命令，也不是可运行的程序或批处理文件。

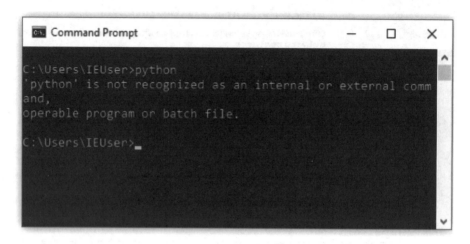

图 2-1-6　安装界面(2)

任务二　Python 基础语法

1. 输入、输出与注释

学习一门编程语言，第一个程序往往是实现人机对话，也就是调用输出函数程序运行结果，让计算机能输出我们输入的信息。在 Python 中，输出和输入主要通过输出函数 print() 和输入函数 input() 来实现。

1.1　输出函数

print() 用于打印输出，是最常见的一个函数。print() 可以输出数值、字符串、含运算符的表达式和混合输出。

① 输出内容为数值

当输出内容为数值时，直接在括号内输入相应的数值即可，无须添加其他符号。以下实例演示 print() 输出数值的操作。

第一种直接打印输出数值：

>>> print(900)

900 (输出结果)

第二种通过变量赋值输出数值：

>>> a = 900

>>> print(a)

900 (输出结果)

② 输出内容为字符串

如果要输出的内容为由数字、字母、汉字、符号等组成的一串字符(字符串),那么需要在括号内的字符串两侧添加引号,将想要输出的内容引括起来。当输出单行字符串时,使用单引号或双引号均可,但必须前后保持一致。当输出多行字符串时,一般使用三单引号或三双引号,也必须前后保持一致。需注意,引号应是英文格式。

输出单行字符串的操作演示(使用一对单引号、一对双引号、一对三单引号、一对三双引号均可):

>>> print('你好,我叫 Python,今年 35 岁啦!')
你好,我是 Python,今年 35 岁啦!(输出结果)
>>> print("你好,我叫 Python,今年 35 岁啦!")
你好,我是 Python,今年 35 岁啦!(输出结果)

输出多行字符串的操作演示(使用一对三单引号或三双引号均可):

>>> print('''你好,我叫 Python,今年 35 岁啦!
... 祝你学习愉快!''')
你好,我叫 Python,今年 35 岁啦!(输出结果)
祝你学习愉快!
>>> print("""你好,我叫 Python,今年 35 岁啦!
... 祝你学习愉快!""")
你好,我叫 Python,今年 35 岁啦!(输出结果)
祝你学习愉快!

如果要输出的内容已经包含引号,那么括号内两侧的引号要与输出的内容中包含的引号不一致。例如要输出的字符串内容为"企业的'财务报表'",即要输出带有单引号的字符串,那么括号内两侧的引号就不能使用单引号,应使用其他引号。若使用单引号,则系统便会报错。

>>> print("企业的'财务报表'")
企业的'财务报表'(输出结果)
>>> print('企业的'财务报表'')
    File "<stdin>", line 1 (输出结果:系统报错)
        print('企业的'财务报表'')
SyntaxError. invalid syntax. Perhaps you forgot a comma?

③ 输出内容为含运算符的表达式

如果要输出的内容是含运算符的表达式,那么程序会输出表达式的计算结果。操作演示如下所示:

>>> print(100 + 10)
110 (输出结果)
>>> print(100 - 10)
90 (输出结果)

```
>>> print(100 * 10)
1000 (输出结果)
>>> 适 print(100/10)
10.0 (输出结果)
```

④ 混合输出

当混合输出数字、字符串、表达式时,可以用英文格式的逗号将它们隔开,输出结果中会用一个空格进行分隔,以下为实例操作:

```
>>> print("企业最重要的财务报表有","3 张","分别为:资产负债表、利润表、现金流量表")
企业最重要的财务报表有 3 张 分别为:资产负债表、利润表、现金流量表 (输出结果)
```

1.2　输入函数 input( )

Python 中的 input( )函数可以接收用户输入的内容。无论用户输入的是什么内容,input( )函数都是以字符串类型返回结果。在 input( )函数的括号内可以输入一些提示性文字,用来提示用户要做什么。

以下实例演示 input( )函数接收用户输入的信息:

```
>>> input('请输入你的专业')
请输入你的专业 (输出结果)
用户输入"大数据与财务管理"后,系统将输出以下内容
'大数据与财务管理'(输出结果)
```

另外,还可以结合输入输出函数来接收用户信息,比如输入用户的名字:

```
>>> name = input()
Michael
```

当输入 name = input()并按回车后,Python 交互式命令行就在等待用户的输入了。这时,用户可以输入任意字符,然后按回车后完成输入。输入完成后,不会有任何提示,Python 交互式命令行又回到>>>状态了。那我们刚才输入的内容到哪去了?答案是存放到 name 变量里了。可以直接输入 name 查看变量内容:

```
>>> name
Michael(输出结果)
结合输入输出
>>> print('hello',name)
hello Michael (输出结果)
```

1.3　注释

注释(comments)用来向用户提示或说明某些代码的作用和功能,可以理解为对代码加以解释的笔记,它可以出现在代码中的任何位置。Python 解释器在执行代码时会忽略注释,不做任何处理,就好像它不存在一样。Python 支持两种类型的注释,分别是单行注释和多行注释。

① 单行注释

Python 使用♯作为单行注释的符号,语法格式为:

♯ 注释内容

从♯开始,直到这行结束为止的所有内容都是注释。Python 解释器遇到♯时,会忽略它后面的整行内容。单行注释可以作为单独的一行放在被注释代码行之上,也可以放在语句或表达式之后。

当说明多行代码的功能时,一般将代码的注释放在上一行,如下面实例操作所示:

>>> ♯使用 print()输出字符串
>>> print('hello,Python')
hello,Python
>>> print("资产负债表,现金流量表,所有者权益变动表")
资产负债表,现金流量表,所有者权益变动表

当说明单行代码的功能时,一般将代码的注释放在语句或表达式的右侧,如下面实例操作所示:

>>> print(100)♯使用 print()输出数值
100

② 多行注释

当注释的内容过多,使用单行注释无法显示时,就可以使用多行注释。Python 使用三个连续的单引号'''或者三个连续的双引号"""注释多行内容,具体格式如下:

'''
使用3个单引号分别作为注释的开头和结尾
可以一次性注释多行内容
这里面的内容全部是注释内容
'''

或者

"""
使用3个双引号分别作为注释的开头和结尾
可以一次性注释多行内容
这里面的内容全部是注释内容
"""

应当注意不管是多行注释还是单行注释,当注释符作为字符串的一部分出现时,就不能再将它们视为注释标记,而应该看作正常代码的一部分,例如:

>>>print('''Hello,World!''')
>>>print("""资产负债表""")
>>>print("♯是单行注释的开始")

以上运行结果：

Hello,World!
资产负债表
♯是单行注释的开始

对于前两行代码，Python 没有将这里的三个引号看作多行注释，而是将它们看作字符串的开始和结束标志。对于第 3 行代码，Python 也没有将♯看作单行注释，而是将它看作字符串的一部分。

2. 变量与赋值

2.1 变量与赋值的定义

2.1.1 变量

变量的概念基本上和初中代数中的方程变量是一致的，只是在计算机程序中，变量不仅可以是数字，还可以是任意数据类型。变量可以说是一个存放数据的容器，在 Python 中定义变量的时候，不需要声明变量。当我们首次为变量赋值时，会自动创建变量并指定类型，需注意变量本身是没有类型的，只是对象（赋值的数据）有类型。

例如以下实例：

```
>>> a = 88
>>> b = '88'
>>> type(a)
<class 'int'> (输出结果)
>>> type(b)
<class 'str'> (输出结果)
```

以上变量 a 和 b 的赋值数字虽然均为 88，但通过 type()函数查看变量 a 和 b 的类型可知变量 a 类型为整型数值，变量 b 类型为字符串。变量 a 和变量 b 类型不同的原因在于给这两个变量赋值的数据类型不同。

2.1.2 赋值

在编程语言中，将数据存入变量的过程叫做赋值。在 Python 中使用"="作为赋值运算符。比如"salesExpense=20000"，表示将赋值符"="右边的数值 20000 赋给"="左边的变量"salesExpense"。

在 Python 中可以把任意数据类型的数据赋值给变量，同一变量可以反复被赋值。对同一变量进行多次赋值时，每一次赋值都会覆盖原来的值，如下面实例所示：

```
>>> a = 99.99
>>> print(a)
99.99 (输出结果)
>>> a = ('库存现金')
>>> print(a)
库存现金 (输出结果)
```

2.2 变量命名规则

赋予变量或其他程序元素关联名称或标识符的过程称为命名。Python 中变量的命名可以使用短名称,比如 a、b、c、d 等,也可以使用具有一定描述作用的名称,比如 age、name、sex,使其他人看到就可以知道变量的含义。通常在 Python 给变量命名时一般要遵守以下规则:

变量名必须以字母或下划线字符开头,不能以数字开头;

变量名只能包含字母、数字、汉字和下划线(A~z,0~9 和 _);

变量名称区分大小写(name、Name 和 NAME 就是三个不同的变量);

变量名不能和以下 Python 中的关键字冲突(相同),否则无效。

And	as	assert	break	class	continue	def	del	elif	else	except
finally	for	from	False	global	if	import	in	is	lambda
nonlocal	not	None	or	pass	raise	return	try	True	while	with
yield

以下实例演示 Python 的合法命名:

```
Python_is_fun      #小写字母与下划线组合
Data               #大写字母与小写字母组合
age                #小写字母组合
Python_3           #大写字母、小写字母、下划线与数字组合
```

以下实例演示 Python 的非法命名:

```
Python is fun      #中间使用空格符号
2age               #首字符使用数字
```

在 Python 中对变量进行命名没有长度限制,从编程习惯和兼容性角度考虑,一般不建议采用中文对变量进行命名。当变量名由两个或多个单词组成时,可以使用驼峰式命名法命名。

(1) 小驼峰式命名法:第一个单词以小写字母开头,后续单词的首字母大写,如 firstPythonClass

(2) 大驼峰式命名法:每一个单词的首字母都大写,如 FirstPythonClass。

2.3 赋值语句

① 常规赋值

"="是 Python 中最常见、最基本的赋值运算符,用来将一个表达式的值赋给另一个变量,请看以下实例:

```
#将字面量(直接量)赋值给变量
>>> n1 = 100
>>> f1 = 47.51
>>> s1 = "资产负债表"
```

```
#将一个变量的值赋给另一个变量
>>> n2 = n1
```

```
>>> f2 = f1
>>> s2 = s1
>>> print(n2)
100 (输出结果)
>>> print(f2)
47.51 (输出结果)
>>> print(s2)
资产负债表 (输出结果)
```

```
#将某些运算的值赋给变量
>>> sum1 = 45 + 80
>>> sum2 = n2 * 3
>>> print(sum1)
125 (输出结果)
>>> print(sum2)
300 (输出结果)
```

② 连续赋值

Python 中的赋值表达式也是有值的,它的值就是被赋的那个值,或者说是左侧变量的值。如果将赋值表达式的值再赋值给另外一个变量,那么这就构成了连续赋值。请看以下实例:

```
>>> a = b = c = 200
>>> print(b)
200 (输出结果)
>>> print(a)
200 (输出结果)
```

"="具有右结合性,我们从右到左分析这个表达式:"c＝200"表示将 200 赋值给 c,所以 c 的值是 200;同时,"c＝200"这个子表达式的值也是 200。b＝c＝200 表示将"c＝200"的值赋给 b,因此 b 的值也是 200。以此类推,a 的值也是 200。

需注意:"＝"和"＝＝"是两个不同的运算符,"＝"用来赋值,而"＝＝"用来判断两边的值是否相等。

3. 基本数据类型

3.1 数值

3.1.1 数据类型

在 Python 中常见的数据类型包括整数(int)、浮点数(float)和布尔值(bool)。

① 整数

Python 中的整数与数学中的整数概念一致,Python 可以处理任意大小的整数,当然也包括负整数,在程序中的表示方法和数学上的写法一模一样,例如:1,99,－123,0 等。

② 浮点数

浮点数与数学中的小数概念一致,在财务数据中最为普通,如 3.14,-58.94。Python 语言要求所有浮点数必须带有小数部分,小数部分可以是 0,这种设计可以区分浮点数类型和整数类型。浮点数类型和整数类型数据的处理由计算机的不同硬件单元执行,处理方法不同。需要注意的是,尽管浮点数 0.0 与整数 0 值相同,但它们在计算机内部表示不同。

③ 布尔值

布尔值取值只有两种,即 True(真)和 False(假),它们可以理解为特殊的整数数值,即 True=1,False=0。10>6 是正确的,在 Python 中用 True 表示;而 10<6 显然是错误的,在 Python 中用 False 表示。

3.1.2 运算符

数学中数值可以进行加减乘除等运算,Python 也支持数值的各种运算,并提供了一系列的运算符。运算符是在 Python 中进行不同类型运算所用的符号,主要包括算术运算符、赋值运算符、比较运算符、逻辑运算符、成员运算符和身份运算符等。

① 算术运算符

算术运算符用于两个对象间的基本算术运算,假设变量 a=10,b=20,各算术运算结果如表 2-2-1 所示:

表 2-2-1 Python 中的算术运算符及运算结果

运算符	描述描述	实例
+	加:两个对象相加	a + b 输出结果 30
-	减:得到负数或是一个数减去另一个数	a - b 输出结果 -10
*	乘:两个数相乘或是返回一个被重复若干次的字符串	a * b 输出结果 200
/	除:a 除以 b	a / b 输出结果 0.5
%	取余:返回除法的余数	b % a 输出结果 0
**	幂:返回 a 的 b 次幂	a ** b 为 10 的 20 次方, 输出结果 100000000000000000000
//	取整除:返回商的整数部分(向下取整)	b // a 输出结果 2

以下实例演示了 Python 所有算术运算符的操作:

```
>>> a=10
>>> b=20
>>> print(a+b)
30(输出结果)
>>> print(a-b)
-10(输出结果)
>>> print(a*b)
200(输出结果)
>>> print(a/b)
0.5(输出结果)
>>> print(b%a)
```

```
0(输出结果)
>>> print(a**b)
100000000000000000000(输出结果)
>>> print(b//a)
2(输出结果)
```

② 比较运算符

比较运算符用于两个对象间的比较运算,其返回结果为 True(真)或 False(假)。所有比较运算符返回 1 表示真,返回 0 表示假。这分别与特殊的变量 True 和 False 等价。假设变量 a=10,b=20,各比较运算结果如表 2-2-2 所示:

表 2-2-2　Python 中的比较运算符及运算结果

运算符	描述	实例
==	等于:比较对象是否相等	(a == b) 返回 False
!=	不等于:比较两个对象是否不相等	(a != b) 返回 True
>	大于:返回 a 是否大于 b	(a > b) 返回 False
<	小于:返回 a 是否小于 b	(a < b) 返回 True
>=	大于等于:返回 a 是否大于等于 b	(a >= b) 返回 False
<=	小于等于:返回 a 是否小于等于 b	(a <= b) 返回 True

以下实例演示了 Python 中比较运算符的操作:

```
>>> a = 10
>>> b = 20
>>> print(a == b)
False(输出结果)
>>> print(a! = b)
True(输出结果)
>>> print(a>b)
False(输出结果)
>>> print(a<b)
True(输出结果)
>>> print(a> = b)
False(输出结果)
>>> print(a< = b)
True(输出结果)
```

③ 赋值运算符

赋值运算符用于对象的赋值,比如"money=2000",就是将运算符"="右边的值 2000 赋给左边的对象"money"。赋值运算符还可以与算术运算符组合成复合赋值运算符,如表 2-2-3 所示:

表 2-2-3　Python 中的赋值及复合赋值运算符

运算符	描述	实例
=	简单的赋值运算符	c = a + b 表示将 a + b 的运算结果赋值为 c
+=	加法赋值运算符	c += a 等效于 c = c + a
-=	减法赋值运算符	c -= a 等效于 c = c - a
*=	乘法赋值运算符	c *= a 等效于 c = c * a
/=	除法赋值运算符	c /= a 等效于 c = c / a
%=	取余赋值运算符	c %= a 等效于 c = c % a
**=	幂赋值运算符	c **= a 等效于 c = c ** a
//=	取整除赋值运算符	c //= a 等效于 c = c // a

假设变量 a=10,b=20,以下实例演示了 Python 中赋值及复合赋值运算符的操作：

```
>>> a = 10
>>> b = 20
>>> c = a + b
>>> print(c)
30(输出结果)
>>> c += a
>>> print(c)
40(输出结果)
>>> c -= a
>>> print(c)
30(输出结果)
>>> c *= a
>>> print(c)
300(输出结果)
>>> c /= a
>>> print(c)
30.0(输出结果)
>>> c %= a
>>> print(c)
0.0(输出结果)
>>> c **= a
>>> print(c)
0.0(输出结果)
>>> c //= a
>>> print(c)
0.0(输出结果)
```

④ 逻辑运算符

逻辑运算符用于两个对象间的逻辑运算。假设变量 a=10,b=20,各逻辑运算结果如表 2-2-4 所示:

表 2-2-4　Python 中的逻辑运算符及运算结果

运算符	逻辑	描述	实例
and	a and b	与:如果 a 为 False,那么 a and b 返回 False,否则它返回 b 的计算值	(a and b) 返回 20
or	a or b	或:如果 a 是非 0,那么 a or b 返回 a 的计算值,否则它返回 b 的计算值	(a or b) 返回 10
not	not a	非:如果 a 为 True,那么 not a 返回 False;如果 a 为 False,那么 not a 返回 True	not(a and b) 返回 False

以下实例演示了 Python 中逻辑运算符的操作:

```
>>> a = 10
>>> b = 20
>>> print(a and b)
20(输出结果)
>>> print(a or b)
10(输出结果)
>>> print(not (a and b))
False(输出结果)
```

⑤ 成员运算符

除以上的一些运算符之外,Python 还支持成员运算符。Python 中有两个成员运算符:in、not in。顾名思义,正如它的英文含义"在……里面"和"不在……里面"一样,成员运算符可以用来检测某个数据是否为另一个数据的成员,也包括判断某个字符串是否包含另一个字符串。成员运算符描述与实例见表 2-2-5。

表 2-2-5　Python 中的成员运算符

运算符	描述	实例
in	如果在指定的序列中找到值返回 True,否则返回 False	a 在 b 序列中,如果 a 在 b 序列中返回 True
not in	如果在指定的序列中没有找到值返回 True,否则返回 False	a 不在 b 序列中,如果 a 不在 b 序列中返回 True

成员 in 数据,下面是检测字符串是否为另一个字符串的一部分的应用实例:

```
>>> 'p' in 'Python'
True(输出结果)
>>> 'py' in 'Python'
True(输出结果)
>>> 'tho' in 'Python'
True(输出结果)
>>> 'po' in 'Python'
False(输出结果)
```

除了字符串,也可以用于检测元组、列表、集合:

```
>>> '1'in('1','2','3')
True(输出结果)
>>> '2'in['1','2','3']
True(输出结果)
>>> '3'in{'1','2','3'}
True(输出结果)
```

成员 not in 数据,其返回值与成员 in 刚好相反,当数据中不存在成员时返回 True,否则返回 False,如下面实例所示:

```
>>> 'p'not in 'Python'
False(输出结果)
>>> 'py'not in 'Python'
False(输出结果)
>>> 'tho'not in 'Python'
False(输出结果)
>>> 'po'not in 'Python'
True(输出结果)
```

⑥ 身份运算符

身份运算符是 Python 中用来判断两个对象的存储单元是否相同的一种运算符号,身份运算符只有 is 和 is not 两个运算符,返回的结果都是 True 或者 False,如表 2-2-6 所示:

表 2-2-6　Python 中的身份运算符

运算符	描述	实例
is	is 用来判断两个标识符是不是引用自一个对象	a is b,类似 id(a) == id(b)。如果引用的是同一个对象则返回 True,否则返回 False
is not	is not 用来判断两个标识符是不是引用自不同对象	a is not b,类似 id(a) != id(b)。如果引用的不是同一个对象则返回结果 True,否则返回 False

注:id()函数用于获取对象内存地址。

假设 a=1,b=2,c=a,a、b 这两个变量的储存内容不一样,所以储存单元肯定不一致,但是 c 和 a 其实都是 1,这两个变量的存储单元其实是一致的,以下实例演示了 Python 中身份运算符的操作。

is 运算符的操作:

```
>>> a=1
>>> b=2
>>> c=a
>>> print(a is b)
False(输出结果)
```

```
>>> print(a is c)
True(输出结果)
```

is not 运算符其返回值与 is 运算符刚好相反,以下为实例操作:

```
>>> a = 1
>>> b = 2
>>> c = a
>>> print(a is not b)
True(输出结果)
>>> print(a is not c)
False(输出结果)
```

注意 is 与 == 的区别:is 用于判断两个变量引用对象是否为同一个(同一块内存空间),== 用于判断引用变量的值是否相等。

```
>>> a = [1,2,3]
>>> b = a
>>> b is a
True(输出结果)
>>> b == a
True(输出结果)
>>> b = a[:]
>>> b is a
False(输出结果)
>>> b == a
True(输出结果)
```

⑦ 运算符优先级

数学中的数值运算具有优先级,比如"先乘除后加减",Python 中的各种运算符也有一定的优先级,表 2-2-7 列出了从最高到最低优先级的所有运算符。Python 中可以通过圆括号( )来提升运算符的优先级。总的来说,可以采用以下口诀简要记忆 Python 中运算符的优先级顺序:从左往右看,括号优先算,先乘除后加减,再比较,再逻辑。

表 2-2-7　Python 中的运算符优先级

运算符	描述
( )	小括号(最高优先级)
**	指数
~、+、-	按位翻转,一元加号和减号(后两个的方法名为 +@ 和 -@)
*、/、%、//	乘、除、取余和取整除
+、-	加法、减法
>>、<<	右移、左移运算符

续表

运算符	描述
&	位与
^、|	位运算符
<=、<、>、>=	比较运算符
=、%=、/=、//=、-=、+=、*=、**=	赋值运算符
is、is not	身份运算符
in、not in	成员运算符
not、and、or	逻辑运算符

以下实例演示了 Python 中运算符优先级的操作：

```
>>> a = 20
>>> b = 10
>>> c = 15
>>> d = 5
>>> f = (a + b) * c/d
>>> print(f)
90.0 (输出结果)
>>> g = ((a + b) * c)/d
>>> print(g)
90.0 (输出结果)
>>> h = (a + b) * (c/d)
>>> print(h)
90.0 (输出结果)
>>> i = a - (b * c)/d
>>> print(i)
-10.0 (输出结果)
```

3.2 字符串

3.2.1 字符串定义

字符串是 Python 中最常见的数据类型，由字母、数字、符号等一系列字符组成，它用来表示文本的一种数据类型。字符串根据其内容的多少可以分为单行字符串和多行字符串。

单行字符串可以用一对英文状态下的单引号或双引号来创建，但前后必须保持一致，即以单引号开始的字符串，必须以单引号结束；以双引号开始的字符串，必须以双引号结束，如'abc'、"xyz"等。需注意''或""本身只是一种表示方式，不是字符串的一部分，因此，字符串'abc'只有 a,b,c 这 3 个字符。如果'本身也是一个字符，那么就可以用""括起来，比如"I'mOK"包含的字符是 I,',m,O,K 这 5 个字符。

以下实例演示了 Python 中创建单行字符串的操作：

```
>>> print('这是一个单行字符串')
这是一个单行字符串（输出结果）
>>> print("这是一个单行字符串")
这是一个单行字符串（输出结果）
>>> print("这是'一个单行字符串'")
这是'一个单行字符串'（输出结果）
>>> print('这是"一个单行字符串"')
这是"一个单行字符串"（输出结果）
```

多行字符串可以用一对英文状态下的三单引号或者三双引号来创建，同样前后必须保持一致。以下实例演示了Python中创建多行字符串的操作：

```
>>> print('''这是一个多行字符串第一行
... 这是一个多行字符串第二行
... 这是一个多行字符串第三行''')
这是一个多行字符串第一行（输出结果）
这是一个多行字符串第二行
这是一个多行字符串第三行
>>> print("""这是一个多行字符串第一行
... 这是一个多行字符串第二行
... 这是一个多行字符串第三行""")
这是一个多行字符串第一行（输出结果）
这是一个多行字符串第二行
这是一个多行字符串第三行
```

3.2.2 字符串的常规操作

① 字符串的索引

字符串是字符的有序集合，每个字符都有一个位置标识，因此可以根据其位置标识获得具体的元素。在Python中，字符串中的字符是通过索引来提取的，索引分为正索引和负索引。正索引从左往后编号，默认从0开始；负索引从右往左编号，默认从-1开始。以字符串"hello"为例，各元素对应的正、负索引如表2-2-8所示：

表2-2-8 字符串"hello"中各元素对应的正、负索引

字符串元素	h	e	l	l	o
正索引	0	1	2	3	4
负索引	-5	-4	-3	-2	-1

② 字符串的切片

运用索引截取字符串的一部分。字符串切片时，截取区间为左闭右开区间，即截取的部分包含初始位置的元素，不包含结束位置的元素。运用字符串索引获取元素时，最大范围不能超出"字符串长度-1"。注意从头开始，开始索引数字可以省略，冒号不能省略；到末尾结束，结束索引数字可以省略，冒号不能省略。以字符串"hello"为例，演示字符串切

片操作：

```
>>> str = 'hello'
>>> print(str[1:4])
ell(输出结果)
>>> print(str[:4])
hell(输出结果)
>>> print(str[2:])
llo(输出结果)
```

③ 字符串的连接

可以运用 Python 对字符串进行连接，常见的连接方式为"＋"。以字符串"hello"和"Python"为例，演示字符串的连接操作。

```
>>> a = 'hello'
>>> b = 'Python'
>>> print(a + b)
helloPython(输出结果)
```

④ 字符串的运算符

在 Python 中除了数值可以进行运算外，字符串也可以运用运算符进行运算。表 2-2-9 实例中 a 变量值为字符串'hello'，b 变量值为字符串'Python'：

表 2-2-9 Python 中字符串的运算符

操作符	描述	实例
+	字符串连接	>>>a + b helloPython
*	重复输出字符串	>>>a * 2 hellohello
[ ]	通过索引获取字符串中字符	>>>a[1] e
[:]	截取字符串中的一部分	>>>a[1:4] ell
in	成员运算符：如果字符串中包含给定的字符返回 True	>>>"h" in a True
not in	成员运算符：如果字符串中不包含给定的字符返回 True	>>>"m" not in a True
r/R	原始字符串：所有的字符串都直接按照字面的意思使用，没有转义特殊或不能打印的字符。原始字符串除在字符串的第一个引号前加上字母"r"（大小写都可以）以外，与普通字符串有着几乎完全相同的语法	>>>print r'\n' \n >>> print R'\n' \n
%	格式字符串	请看下一知识点

在 Python 中的操作如下：

```
>>> a = 'hello'
>>> b = 'Python'
>>> print(a + b)
helloPython(输出结果)
>>> print(a * 2)
hellohello(输出结果)
>>> print(a[1])
e(输出结果)
>>> print(a[1:4])
ell(输出结果)
>>> 'h' in a
True(输出结果)
>>> 'm' not in a
True(输出结果)
```

⑤ 格式化字符串

格式化就是根据特定的格式进行处理,将原来的字符串转为给定格式的字符串,例如将时间字符串"20231231"转为"2023-12-31"。字符串格式化相当于字符串模板,也就是说如果一个字符串有一部分是固定的,而另一部分是动态变化的,那么就可以将固定的部分做成模板,那些动态变化的部分使用字符串格式化操作符进行替换。如一句问候语:"Hello 小王",其中"Hello"是固定的,但"小王"可能变成任何一个人的名字,如"小张",所以在这个字符串中,"Hello"是固定的部分,而"小王"是动态变化的部分,因此,需要用格式化操作符替换"小王",这样就形成了一个模板。

如何在 Python 中格式化字符串呢?截至目前 Python 提供了三种格式化字符串的方法:一种是使用%占位符,一种是使用 format()函数,还有一种是字符串前加上 f 来格式化。

在 Python 中使用%占位符,可以为输出结果设置多种格式。Python 中常见的占位符如表 2-2-10 所示:

表 2-2-10 Python 中常见的占位符

符号	描述
%c	格式化字符及其 ASCII 码
%s	格式化字符串
%d	格式化整数
%u	格式化无符号整型
%o	格式化无符号八进制数
%x	格式化无符号十六进制数
%X	格式化无符号十六进制数(大写)

续表

符号	描述
%f	格式化浮点数字,可指定小数点后的精度
%e	用科学记数法格式化浮点数
%E	作用同%e,用科学记数法格式化浮点数
%g	%f 和%e 的简写
%G	%F 和 %E 的简写
%p	用十六进制数格式化变量的地址

以下实例演示了 Python 中使用%占位符格式化字符串的操作：

```
>>> print('%s第%d季度银行存款余额为%0.2f元'%('2024年',2,9999.1214))
2024年第二季度银行存款余额为 9999.12 元(输出结果)
```

从 Python2.6 开始,新增了一种格式化字符串的函数 format(),它增强了字符串格式化的功能。相对于老版的%格式方法,它有以下优点：

a. %s 只能替代字符串类型,而在 format 中不需要理会数据类型；

b. 单个参数可以多次输出,参数顺序可以不相同；

c. 填充方式十分灵活,对齐方式十分强大；

d. 官方推荐用的方式,%占位符方式将会在后面的版本被淘汰。

以下实例演示了 Python 中使用 format( )格式化字符串的操作：

```
>>> print('{}第{}季度银行存款余额为{}元'.format('2021年',2,9999.1214))
2021年第二季度银行存款余额为 9999.1214 元 (输出结果)
```

Python3.6 引入了一种新的字符串格式化方式：f-string 格式化字符串。从%s 格式化到 format 格式化再到 f-string 格式化,格式化的方式越来越直观,f-string 的效率也较前两个高一些,使用起来也比前两个简单一些。

f-string 格式化字符串就是在字符串前加上 f 来格式化字符串,在这种以 f 打头的字符串中,{变量名}是一个占位符,会被变量对应的值替换掉。

以下实例演示了 Python 中使用 f 格式化字符串的操作：

```
>>> name = "Python"
>>> f"hello,my name is {name}"
'hello,my name is Python'(输出结果)
```

4. 高级数据类型

Python 中除了提供数值、字符串等基本数据外,还提供了列表、字典、元组、集合等高级数据,它们可以用于表示现实世界中更为复杂的数据。

4.1 列表

与数值、字符串不同,列表可以实现大多数集合类的数据结构,即将多个数据存储为一个数据。它可以看作一个存储数据的容器，里边可以存放数值、字符串等基本数据，也可以存放列表、字典等高级数据，是 Python 中使用最普遍的复合型数据类型。

4.1.1 创建列表

列表用方括号[ ]标识和创建，[ ]里面的元素用英文逗号分隔。列表具有以下特征：

（1）列表中的元素按顺序排列，每个元素的位置是确定的，用户可以通过索引访问每个元素；

（2）列表可以存储任意类型的数据，且列表中的元素可以重复；

（3）列表是可变序列，可以对元素进行增加、修改、删除等操作。

以下实例演示 Python 中列表的创建：

```
>>> list1 = ['资产负债表','所有者权益变动表','现金流量表']   #列表元素是字符串
>>> list2 = [10000,20000,30000]   #列表元素是数值
>>> list3 = ['库存现金',20000,['应收账款','银行存款']]   #列表元素是字符串、数值、列表
>>> print(list1)
['资产负债表', '所有者权益变动表', '现金流量表'] (输出结果)
>>> print(list2)
[10000, 20000, 30000] (输出结果)
>>> print(list3)
['库存现金', 20000, ['应收账款', '银行存款']] (输出结果)
```

4.1.2 访问列表

与字符串类似，列表中的每个元素也有索引，从左到右索引默认从 0 开始，从右到左索引默认从 −1 开始。以 list3 = ['库存现金',20000,['应收账款','银行存款']]为例，展示列表中个元素的正、负索引。

表 2-2-11　列表 list3 各元素对应的正、负索引

列表元素	'库存现金'	20000	['应收账款','银行存款']
正索引	0	1	2
负索引	−3	−2	−1

利用列表的索引，访问列表中的单个元素。以下实例演示访问列表 list3 中正索引为 1 的元素：

```
>>> list3 = ['库存现金',20000,['应收账款','银行存款']]
>>> list3[1]
20000 (输出结果)
```

利用切片，可以访问列表中的多个元素，对列表进行截取。与字符串类似，列表切片时，取值的区间同样是"左闭右开"的，即包含初始位置的元素，不包含结束位置的元素。以下实例演示对列表 list3 中正索引为 0 至 2 的元素进行截取：

```
>>> list3 = ['库存现金',20000,['应收账款','银行存款']]
>>> list3[0:2]
['库存现金', 20000] (输出结果)
```

4.1.3 更新列表

列表是可变序列,用户可以直接通过索引对列表中的元素进行更新和更改操作。

```
>>> list3 = ['库存现金',20000,['应收账款','银行存款']]
>>> list3[0] = '存货'    #将 list3 中索引为 0 的元素修改为"存货"
>>> list3
['存货', 20000, ['应收账款', '银行存款']] (输出结果)
```

以上操作运行后,原列表中索引为 0 的元素"库存现金"被替换为"存货"。

4.1.4 删除列表元素

在 Python 中可以使用 del 语句删除列表的元素,实例如下:

```
>>> list2 = [10000,20000,30000]
>>> print(list2)
[10000,20000,30000] (输出结果)
>>> del list2[2]    #将 list2 中索引为 2 的元素删除
>>> print(list2)
[10000,20000] (输出结果)
```

4.1.5 列表的计算

列表的计算方式主要有两种:一种是拼接列表,另一种是重复输出列表。其操作与字符串类似,如表 2-2-12 所示:

表 2-2-12　Python 中的列表计算

操作符	描述	实例	结果
+	拼接列表,即将多个列表组合在一起	[1,2,3]+[4,5,6]	[1,2,3,4,5,6]
*	重复输出列表	[1,2,3]*2	[1,2,3,1,2,3]
len()	长度	len([1,2,3])	3
in	元素是否在列表中	3 in [1,2,3]	True

以下实例演示 Python 中列表的计算操作:

```
>>> list4 = [1,2,3]
>>> list5 = [4,5,6]
>>> print(list4 + list5)    #列表的拼接
[1,2,3,4,5,6] (输出结果)
>>> print(list4 * 2)    #列表的重复输出
[1,2,3,1,2,3] (输出结果)
>>> length = len(list4)    #查看列表的长度
>>> print(length)
3 (输出结果)
>>> 3 in[1,2,3]    #查看元素是否在列表内
True (输出结果)
```

4.1.6 列表的其他操作

Python 中还提供了一系列函数和方法可对列表进行其他操作,如表 2-2-13 和表 2-2-14 所示:

表 2-2-13　Python 中用于列表操作的常见函数

序号	函数
1	cmp(list1, list2) 比较两个列表的元素
2	len(list) 返回列表元素个数
3	max(list) 返回列表元素最大值
4	min(list) 返回列表元素最小值
5	list(seq) 将元组转换为列表

表 2-2-14　Python 中用于列表操作的常见方法

序号	方法
1	list.append(obj) 在列表末尾添加新的对象
2	list.count(obj) 统计某个元素在列表中出现的次数
3	list.extend(seq) 在列表末尾一次性追加另一个序列中的多个值(用新列表扩展原来的列表)
4	list.index(obj) 从列表中找出某个值第一个匹配项的索引位置
5	list.insert(index, obj) 将对象插入列表
6	list.pop([index=-1]) 移除列表中的一个元素(默认最后一个元素),并且返回该元素的值
7	list.remove(obj) 移除列表中某个值的第一个匹配项
8	list.reverse() 反向列表中元素
9	list.sort(cmp=None, key=None, reverse=False) 对原列表进行排序

4.2　字典

财务工作中,不同数据之间可能是关联的,比如会计信息系统的账套中,会计科目编码和会计科目名称,两者是一一对应的。Python 中使用字典表示这种有关联的数据。字典通过键和值将一对数据联系在一起,键就好比是一个人的身份证号码,值则是一个人的姓名等信息,键值组合后,通过键(如身份证号码)就可以了解值(如一个人的姓名、性别等信息)。字典具有以下特征：

(1) 字典中的元素必须包含键和值。

(2) 键是唯一的,值可以重复。相同的键,字典只会识别最后一次设置的值。

(3) 键是不可变对象,不能进行修改;而值是可变的,可以进行修改。

4.2.1 字典的创建

字典通过花括号{}创建,里面包含多个键值对。字典的每个键值 key:value 对用英文冒号分割,每个键值对之间用英文逗号分隔,格式如下所示：

d={key1:value1,key2:value2}

注意:dict 作为 Python 的关键字和内置函数,变量名不建议命名为 dict。字典中的键要见名知意,体现字典见名知意的特性。

以下实例演示 Python 中创建字典的操作：

```
>>> d = {'name':'小明','age':18,'gender':'女'}
>>> print(d)
{'name': '小明', 'age': 18, 'gender': '女'} (输出结果)
```

4.2.2 字典的查询

可以使用键访问字典里的值——字典[key],查询的键不存在时则报错,操作如下所示：

```
>>> d = {'name':'小明','age':18,'gender':'女'}
>>> d['name']    #通过键'name'访问对应的值
小明(输出结果)
>>> d['Name']    #查询的键不存在系统便报错
Traceback (most recent call last):
  File "<stdin>", line 1, in <module>
KeyError: 'Name'
```

除了使用键查询值这种方式外,还可以使用 get 查询,其格式为:字典.get(key)。当查询的键不存在时,系统不报错,可以默认返回 None,或者手动设置返回内容。以下为实例操作：

```
>>> d = {'name':'小明','age':18,'gender':'女'}
>>> print(d.get('name'))    #通过 get 函数查询
小明 (输出结果)
>>> print(d.get('Name'))    #查询的键不存在默认返回 None
None (输出结果)
```

除了以上操作外,还可以通过 keys 获取该字典中所有的键,操作如下所示：

```
>>> d = {'name':'小明','age':18,'gender':'女'}
>>> print(d.keys())    #keys 获取当前字典中所有的键
dict_keys(['name', 'age', 'gender']) (输出结果)
```

可以通过 values 获取该字典中所有的值,操作如下所示:

```
>>> d = {'name':'小明','age':18,'gender':'女'}
>>> print(d.values())    #values 获取当前字典中所有的值
dict_values(['小明', 18, '女']) (输出结果)
```

还可以通过 items 获取该字典中所有键值对组成的元组,键值对用元组形式展示,操作如下所示:

```
>>> d = {'name':'小明','age':18,'gender':'女'}
>>> print(d.items())    #items 获取当前字典中所有的键值对
dict_items([('name', '小明'), ('age', 18), ('gender', '女')]) (输出结果)
```

4.2.3 字典的增加

Python 中使用"字典变量[新的 key] = 值"格式新增键值对,若 key 在原字典中已经存在,则其为修改原 key 对应的值。

以下为在字典中增加新的键值对的操作:

```
>>> d = {'name':'小明','age':18,'gender':'女'}
>>> d['nation'] = '汉族'    #使用"字典变量[key] = 值"增加键值对
>>> print(d)
{'name': '小明', 'age': 18, 'gender': '女', 'nation': '汉族'} (输出结果)
```

若增加的键在原字典中已经存在,新增的值则为修改原 key 所对应的值,承接以上操作案例,以下为实例操作:

```
>>> d['gender'] = '男'    #若原字典中存在该 key,则其为修改原 key 所对应的值
>>> print(d)
{'name': '小明', 'age': 18, 'gender': '男', 'nation': '汉族'} (输出结果)
```

4.2.4 字典的删除

字典的删除一般会用到以下操作方法:

del:查找到字典的键所对应的值进行删除;

clear():清空字典所在数据空间中的所有键值对;

pop:删除指定键所对应的键值对,会将删除的键值对所对应的值进行返回;

popitem:随机删除一个键值对,一般删除最后一个,然后将删除的键值对以元组的形式进行返回。

以下实例操作使用"del 字典变量[key]"删除字典的键值对:

```
>>>d = {'name': '小明', 'age': 18, 'gender': '男', 'nation': '汉族'}
>>> del d['name']    #使用 del 删除键值对
>>> print(d)
{'age': 18, 'gender': '男', 'nation': '汉族'} (输出结果)
```

需注意使用 del 删除键值对,先要找到 dict 所对应的键进行删除。在字典中键值对是成对出现的,删除键值键也就消失了,不能出现单独的键或者单独的值。

承接以上案例操作,以下实例操作使用"字典变量.(clear)"清空字典:

```
>>> d.clear()    #使用clear清空字典
>>> print(d)
{}（输出结果）
```

4.3 元组

Python 的元组与列表类似,不同之处在于元组属于不可变序列,其中的元素不能修改。元组使用小括号,列表使用方括号。元组具有不可变特性,使用元组可以使代码更加稳定。

4.3.1 元组的创建

元组的创建很简单,只需要在括号内添加元素,元素与元素之间使用英文逗号隔开即可,操作如下所示:

```
>>> tup1 = ('资产类科目','损益类科目','负债类科目',2024,2025)
>>> print(tup1)
('资产类科目', '损益类科目', '负债类科目',2024,2025)  （输出结果）
```

以下操作为在 Python 中创建空元组:

```
>>> tup2 = ()
>>> print(tup2)
()  （输出结果）
```

4.3.2 元组的查询

可以使用索引来访问与查询元组中的元素。元组中的每个元素也有索引,从左到右索引默认从 0 开始,从右到左索引默认从 −1 开始。表 2-2-15 以 tup1＝('资产类科目','损益类科目','负债类科目',2024,2025)为例,展示元组中各个元素的正、负索引。

表 2-2-15　元组 tup1 中各元素对应的正、负索引

元组元素	'资产类科目'	'损益类科目'	'负债类科目'	2024	2025
正索引	0	1	2	3	4
负索引	−5	−4	−3	−2	−1

利用元组的索引,可访问元组中的单个元素。以下实例演示访问元组 tup1 中正索引为 1 和负索引为 −3 的元素:

```
>>> tup1 = ('资产类科目','损益类科目','负债类科目',2024,2025)
>>> tup1[1]
'损益类科目'（输出结果）
>>> tup1[−3]
'负债类科目'（输出结果）
```

利用切片可以访问元组中的多个元素,对元组进行截取。与列表和字符串类似,元组切片时,取值的区间同样是"左闭右开"的,即包含初始位置的元素,不包含结束位置的元素。以下实例演示对元组 tup1 中正索引为 1 至 4 的元素进行截取:

```
>>> tup1 = ('资产类科目','损益类科目','负债类科目',2024,2025)
>>> tup1[1:4]
('损益类科目', '负债类科目', 2024) (输出结果)
```

4.3.3 元组的组合与重复输出

元组中的元素值是不允许修改的,但我们可以对元组进行连接组合和重复输出,实例列举如下:

```
>>> tup1 = ('资产类科目','损益类科目','负债类科目',2024,2025)
>>> tup2 = ('成本类科目','所有者权益类科目')
>>> tup3 = tup1 + tup2    #对元组进行连接组合
>>> print(tup3)
('资产类科目','损益类科目','负债类科目',2024,2025,'成本类科目','所有者权益类科目')(输出结果)
>>> print(tup2 * 2)    #重复输出元组
('成本类科目','所有者权益类科目','成本类科目','所有者权益类科目')  (输出结果)
```

4.3.4 元组的删除

元组中的元素值是不允许删除的,但我们可以使用 del 语句删除整个元组,实例列举如下:

```
>>> tup4 = ('资产','负债','所有者权益')
>>> print(tup4)
('资产', '负债', '所有者权益')
>>> del tup4    #删除元组
>>> print(tup4)
Traceback (most recent call last):
  File "<stdin>", line 1, in <module>
NameError: name 'tup4' is not defined. Did you mean: 'tuple'?
```

以上实例中元组被删除后,输出变量会有异常信息。

4.3.5 元组运算符

与字符串一样,元组之间可以运用运算符进行运算,Python 中常见的元组运算符如表2-2-16所示。

表 2-2-16 Python 中的元组运算符

Python 表达式	结果	描述
len((1, 2, 3))	3	计算元素个数
(1, 2, 3) + (4, 5, 6)	(1, 2, 3, 4, 5, 6)	连接组合
('Hi!',) * 4	('Hi!', 'Hi!', 'Hi!', 'Hi!')	重复输出
3 in (1, 2, 3)	True	元素是否存在

4.3.6 元组的其他操作

Python 中提供了一些内置函数对元组进行操作,如表 2-2-17 所示。

表 2-2-17　Python 中的其他元组操作

序号	方法及描述
1	cmp(tuple1, tuple2) 比较两个元组元素
2	len(tuple) 计算元组元素个数
3	max(tuple) 返回元组中元素最大值
4	min(tuple) 返回元组中元素最小值
5	tuple(seq) 将列表转换为元组

4.4 集合

集合是无序、不重复的元素组合,即集合没有索引和位置的概念。

4.4.1 集合的创建

集合通过 set()函数或{}创建。创建一个空集合的话只能用 set()函数,不能使用{},因为{}是用来创建空字典的。

以下实例演示 Python 中创建集合的操作:

```
>>> a = set(['银行存款','库存现金','库存现金'])
>>> print(a)
{'库存现金', '银行存款'} (输出结果)
```

由于集合内不允许重复的元素出现,因此集合只保留一个"库存现金"。集合和字典类似,都用{}标识,不同的是,字典是键值对组合,而集合不存储元素对应的值。

4.4.2 集合的操作

① 添加元素

add()用于将元素添加到集合中,其格式为"集合.add()"。如果元素已经存在,那么不需要进行任何操作。如以下操作所示:

```
>>> b = set(['银行存款','库存现金','应收账款'])  ♯创建集合 b
>>> print(b)
{'库存现金', '银行存款', '应收账款'}
>>> b.add('累计折旧')   ♯在集合 b 中添加'累计折旧'元素
>>> print(b)
{'库存现金', '银行存款', '累计折旧', '应收账款'} (输出结果)
```

同时,update()也可以用于在集合中添加元素,而且参数可以是列表、元组、字典等,其格式为"集合.update()"。承接上述案例操作,以下演示用 update()添加元素:

```
>>> b.update([1,2])   ♯用 update()在集合 b 中添加元素
>>> print(b)
```

{1, 2, '累计折旧', '应收账款', '库存现金', '银行存款'}(输出结果)

② 删除元素

Python 可以使用 remove() 从集合中删除元素，其格式为"集合. remove()"。承接上述案例操作，以下为使用 remove() 删除集合中的元素的实例：

```
>>> b.remove('累计折旧')    #用 remove()删除集合 b 中'累计折旧'元素
>>> print(b)
{1, 2, '应收账款', '库存现金', '银行存款'} (输出结果)
```

如果在删除前集合本身就没有这个元素，那么系统就会报错，如下面实例所示：

```
>>> b.remove('原材料')    #用 remove()删除集合 b 中不存在的元素
Traceback (most recent call last):
    File "<stdin>", line 1, in <module>
KeyError: '原材料'
```

除了使用 remove() 可以删除集合中的元素外，还可以使用 discard() 删除集合中的元素，其格式为"集合. discard()"，区别在于如果删除的元素不存在，那么使用 discard() 系统不会报错。承接上述案例操作，以下演示用 discard() 删除集合元素：

```
>>> b.discard('应收账款')    #用 discard()删除集合 b 中'应收账款'元素
>>> print(b)
{1, 2, '库存现金', '银行存款'} (输出结果)
```

承接上述操作，以下演示使用 discard() 删除的元素在集合中不存在的情形，系统并没有报错，而是将集合中已有的元素重新输出。

```
>>> b.discard('原材料')    #用 discard()删除集合 b 中不存在的元素
>>> print(b)
{1, 2, '库存现金', '银行存款'} (输出结果)
```

另外，使用 pop() 可以随机删除集合中的某个元素，一般删除的是最上边的元素，且格式为"集合. pop()"。承接上述案例操作，以下演示使用 pop() 随机删除集合中的元素：

```
>>> b.pop()    #用 pop()随机删除集合 b 中的元素
1
>>> print(b)
{2, '库存现金', '银行存款'}    (输出结果)
```

③ 计算集合中元素的个数

使用 len() 可以计算集合中元素的个数，其格式为"集合. len()"。承接上述案例操作，以下演示使用 len() 计算集合中元素的个数：

```
b = {2, '库存现金', '银行存款'}
>>> len(b)    #用 len()计算集合 b 中元素的个数
3(输出结果)
```

④ 清空集合

使用 clear()清空集合中所有元素,其格式为"集合.clear()",如下面操作所示:

```
b={2,'库存现金','银行存款'}
>>> b.clear()    #用 clear()清空集合
>>> print(b)
set()(输出结果)
```

总结:数值和字符串是 Python 中通用的两种基本数据类型。列表、字典、元组、集合等高级数据类型,虽然样式看起来很相似,但它们的定义、创建、运算和操作方式却不同。在财务数据的分析处理过程中,需要结合业务场景需要,同时依据数据本身的特征,以及数据计算、数据建模的具体要求,选择合适的数据类型,为数据分析和挖掘提供支持。

任务三　Python 进阶语法

在实际业务处理过程中,往往需要根据数据进行选择和决策,比如根据价格选择购买 A 产品还是 B 产品,资金盈余的时候选择银行储蓄、投资理财还是扩大生产等。程序源自于现实生活,所以选择也常被用于程序的流程控制中。通过本任务的学习,可以掌握 Python 条件分支流程,包括单分支、双分支和多分支的逻辑判断,if、if...else 和 if...elif...else 语法的规则以及 if 嵌套的运用;可以掌握循环控制流程,包括 while 循环、for...in 循环、嵌套循环,以及 break、continue 等跳转语句的应用;可以了解 Python 内置函数,以及自定义函数的用法;还可以掌握 Python 内置模块、导入模块和第三方模块的运用。

1. 流程控制——条件分支

条件分支是计算机沟通的逻辑,其作用就是明确地让计算机知道:在什么条件下该去做什么。对于 Python 也是一样。Python 之所以能完成自动化任务,比如自动抓取网页关键词等,就是因为它可以执行条件判断。

在日常生活或企业经营中,我们经常会面临决策场景,比如企业在做投资决策时,是选择高收益、高风险的项目 A,还是选择收益不高但更稳健的项目 B 等。在利用计算机技术帮助我们做决策时,程序就会涉及流程控制。流程控制常见的分支结构有单分支结构、双分支结构、多分支结构三种。

1.1　单分支结构(if)

我们在生活中经常会遇到这样的场景,儿子向爸爸提问:"可以带我去动物园吗?"爸爸说:"如果你期末考试数学考 100 分,那么我就带你去动物园。"这便是一个非常典型的"如果 A 那么 B"的情况。在 Python 中遇到上述问题,要用到的便是单分支结构。单分支结构是最简单的一种分支结构,我们用 if 语句进行描述。它的中文语义是"如果……那么……",比如"如果 A 公司的利润比 B 公司的高,那么投资 A 公司"。if 语句的语法格式如下:

```
if 条件:
    代码块    #即满足条件时要执行的代码
```

场景实练:假设儿子数学考试成绩为85分,如果满足"成绩大于60分"这个条件,那么判断为成绩合格,需输出的代码为"成绩及格"。以下演示Python中单条件分支结构——if的操作:

```
#定义数学成绩变量并赋值85
>>> score = 85
>>> if score >= 60:
        print("成绩及格")
成绩及格(输出结果)
```

1.2 双分支结构(if...else)

我们再来看一个生活中常见的场景:儿子向爸爸提问可以带我去动物园吗? 爸爸说:如果你期末考试数学考100分,那么我就带你去动物园,否则我就不带你去动物园。这便是非常典型的"如果A,那么B,否则C"的问题。在Python中遇到上述问题,要用到的便是双分支结构(if...else)。

通俗地讲,双分支结构就是"如果满足条件,那么就执行代码块A;如果不满足,那么就执行代码块B",如图2-3-1所示:

图2-3-1 双分支结构

Python中采用if...else语句来描述双分支结构,其语法格式为:

```
if 条件:
    代码块A    #即满足条件时要执行的代码
else:
    代码块B    #即不满足条件时要执行的代码
```

场景实练:假设儿子数学考试成绩为85分,如果满足"成绩大于等于60分"这个条件,那么判断为成绩合格,需输出的代码为"成绩及格";如果不满足"成绩大于等于60分"这个条件,那么判断为成绩不合格,需输出的代码为"成绩不及格"。

思路分析:

```
1   定义数学成绩变量并赋值85
2   如果成绩大于等于60:
3       输出"成绩及格"
4   如果成绩小于60:
5       输出"成绩不及格"
```

以下实例演示代码操作：

```
>>> score = 85
>>> if score >= 60
        print('成绩及格')
    else:
            print('成绩不及格')
成绩及格(输出结果)
```

1.3 多分支结构(if...elif...else)

前面讲了非此即彼的双分支结构，实际业务往往面临更多选择。多分支结构为应用更为广泛的分支结构，如图2-3-2所示。比如对学生成绩的判断，成绩大于等于90分，判定为"优秀"；成绩大于等于80分，判定为"良好"；成绩大于等于70分，判定为"中等"；成绩大于等于60分，判定为"及格"；成绩小于60分，判定为"不及格"。

在Python中，采用if...elif...else语句描述多分支结构：如果if的条件不满足，那么就按顺序看是否满足elif的条件；如果不满足elif的条件，那么就执行else下的代码。如果判断条件超过3个，那么中间的多个条件都可以使用elif。

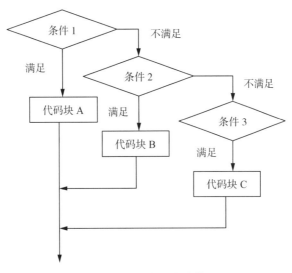

图2-3-2 多分支结构

多分支结构的语法格式如下：

```
1    if 条件1：
2       代码块 A    #即满足条件1时要执行的代码
3    elif 条件2：
4       代码块 B    #即满足条件2时要执行的代码
5    elif 条件3：
6       代码块 C    #即满足条件3时要执行的代码
7    else：
8       代码块 D    #即不满足以上条件时要执行的代码
```

场景实练：假设儿子数学考试成绩为 85 分，如果满足"成绩大于等于 90 分"这个条件，那么判断为成绩优秀，需输出的代码为"优秀"；如果满足"成绩大于等于 80 分"这个条件，那么判断为成绩良好，需输出的代码为"良好"；如果满足"成绩大于等于 70 分"这个条件，那么判断为成绩中等，需输出的代码为"中等"；如果满足"成绩大于等于 60 分"这个条件，那么判断为成绩合格，需输出的代码为"及格"；如果以上条件都不满足，那么需输出的代码为"不合格"。

思路分析：

```
1    定义数学成绩变量并赋值 85
2    如果成绩大于等于 90：
3        输出"优秀"
4    如果成绩大于等于 80：
5        输出"良好"
6    如果成绩大于等于 70：
7        输出"中等"
8    如果成绩大于等于 60：
9        输出"及格"
10   否则
11       输出"不及格"
```

以下实例演示代码操作：

```
>>> score = 85
>>> if score >= 90:
        print('学生成绩为优秀')
    elif score >= 80:
        print('学生成绩为良好')
    elif score >= 70:
        print('学生成绩为中等')
    elif score >= 60:
        print('学生成绩为及格')
    else:
        print('学生成绩为不及格')
学生成绩为良好(输出结果)
```

总结以上内容，需注意：

① Python 用缩进来控制结构，代码的缩进为 4 个空格；

② if 后面要有空格，且判断条件以冒号结尾；

③ elif 和 else 必须和 if 一起使用；

④ if 语句执行是自上而下判断的，如果满足某个条件，那么把该条件对应的语句执行后，就不会再执行剩下的 elif 或 else。

1.4 if 嵌套语句

实际工作中,可能还会遇到这样的情形,即只有当某个条件成立了,才会进行另一个条件的判断。举个例子,在某商场购物时,会根据会员身份判断订单折扣金额:如果不是会员,那么不给予折扣;如果是会员,那么根据会员等级给予不同的折扣比例。也就是说,只有在是会员的前提下,才会根据会员级别确定折扣比例。如果用程序描述上述流程,那么需使用 if 嵌套语句。if 嵌套语句就是将 if、if...else、if...elif...else 语句相互嵌套。

elif 的应用场景是:在 if 基础条件满足的情况下,再在基础条件底下增加额外的条件判断,比如考试成绩的判定。if 的嵌套的语法格式,除了缩进之外和之前的没有区别。其结构如图 2-3-3 所示:

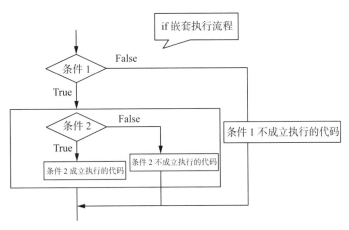

图 2-3-3 if 嵌套结构

场景实练:如果满足数学成绩大于等于 60 分这个基本条件,那么就为成绩及格,其中成绩大于等于 80 分是优秀,小于 80 分大于等于 60 分就是一般成绩;如果满足数学成绩小于 60 分这个基本条件,那么就为成绩不及格,其中成绩小于 30 分是极差成绩,成绩大于等于 30 分小于 60 分就是还可以抢救一下。

以下实例演示代码操作:

```
>>> mathscore = 26
>>> if mathscore >= 60:
        print('及格')
        if mathscore >= 80:
            print('优秀')
        else:
            print('一般成绩')
    else:
        print('不及格')
        if mathscore < 30:
            print('极差成绩')
```

```
        else:
            print('还可以抢救一下')
不及格(输出结果)
极差成绩(输出结果)
```

2. 流程控制——循环语句

程序设计中另一个重要的流程控制结构就是循环。现实世界中,循环现象比比皆是,如春夏秋冬四季更换,每周七天循环往复等。财务工作中,也有很多循环问题,比如每个月末都要结账,每个月都要计算员工薪酬,每个月都要计算应交税额等。利用循环语句,可以在一定程度上减少重复性工作,提高效率。Python中常见的循环语句有两种:一种是while循环,一种是for...in循环。

2.1 while 循环

while循环的语法格式,与单分支结构中的if语句类似,都需要检查是否满足条件。只不过,if语句判断一次,满足判断条件时就执行下面的代码块。而while语句在满足循环条件并执行下面的代码块后,会再次返回条件判断语句所在的位置进行条件判断,满足条件则再次执行下面的代码块,如此循环往复,直到不满足条件时才结束循环。其语法格式如下所示:

```
while 条件:
    代码块    # 即满足条件时要执行的代码
```

while循环结构如图2-3-4所示:

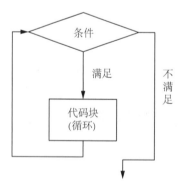

图2-3-4 while循环结构

场景实练:计算1~100中所有自然数的累加和,即1+2+3+4+…+100,即前两个数字的相加结果加下一个数字,一直加到数字100。

```
i = 1
sum = 0
while i <= 100:
    sum += i
    i += 1
```

```
print(sum)
5050 (输出结果)
```

2.2 for...in 循环

与 while 循环类似,for...in 循环也可以用于在满足既定条件时重复执行同一段代码。不同的是,while 循环次数取决于循环条件何时不满足,而 for...in 循环次数取决于列表中包含的元素个数。for...in 循环的语法格式如下:

```
for 变量 in 列表:    # in 表示从列表中依次取值,又称为遍历
    代码块          # 即满足条件时要执行的代码
```

for...in 循环结构如图 2-3-5 所示:

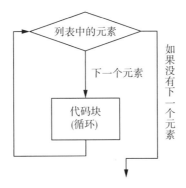

图 2-3-5 for...in 循环结构

场景实练 1:逐一输出列表中的每个元素

```
list = ['库存现金','银行存款','原材料']
for report in list:
    print(report)
库存现金
银行存款
原材料
```

场景实练 2:计算 1~100 中所有自然数的累加和,即 1+2+3+4+…+100,即前两个数字的相加结果加下一个数字,一直加到数字 100。

```
sum = 0
for i in range(1,101):
    sum + = i
print(sum)
5050 (输出结果)
```

2.3 嵌套循环

与 if 嵌套一样,while 循环和 for...in 循环也可以在循环内部嵌套循环。既可以在 while 循环中嵌套 while 循环,for...in 循环中嵌套 for...in 循环,又可以使 while 循环和 for...in 循环相互嵌套。

for...in 循环嵌套语法如下所示：

```
for iterating_var in sequence:
    for iterating_var in sequence:
        statements(s)
    statements(s)
```

while 循环嵌套语法如下所示：

```
while expression:
    while expression:
        statement(s)
    statement(s)
```

以下实例使用了嵌套循环输出 2～100 之间的素数：

```
i = 2
while(i < 100):
    j = 2
    while(j <= (i/j)):
        if not(i%j): break
        j = j + 1
    if (j > i/j) : print i, " 是素数"
    i = i + 1
print "Good bye!"
2 是素数   （输出结果）
3 是素数
5 是素数
7 是素数
11 是素数
13 是素数
17 是素数
19 是素数
23 是素数
29 是素数
31 是素数
37 是素数
41 是素数
43 是素数
47 是素数
53 是素数
59 是素数
61 是素数
67 是素数
```

```
71 是素数
73 是素数
79 是素数
83 是素数
89 是素数
97 是素数
Good bye!
```

2.4 break、continue 语句

在使用 while 或 for...in 循环时,有两个常用的跳转语句,分别是 break 和 continue。当循环满足一定条件时,可以中断程序执行,使用 break 或 continue 语句离开循环。

2.4.1 break 语句

在执行循环的过程中使用 break 语句可以直接退出循环。比如企业想了解近 3 年月销售额超过 10 万元的第一个月份。如果在程序中不设置跳转,那么在找到满足条件的第一个月份后,程序还会继续执行。因此,在找到满足条件的月份后,可以使用 break 语句结束循环。

break 语句可以用在 while 和 for...in 循环中。其在 for...in 循环中的语法格式如下所示:

```
for 变量 in 序列:
    if 条件:
        break    #当满足条件时跳出循环
```

break 语句在 while 循环中的语法格式如下所示:

```
while 条件1:
    代码块
    if 条件2:
        break    #当满足条件2时跳出循环
```

以下实例演示 Python 中 break 语句的操作:

```
>>> for i in rang(10):       # 使用for循和break语句的实例
        if i == 5:
            break
        print(i)
0(输出结果)
1
2
3
4    #该代码会打印从0到4的数字,因为当i等于5时,break语句被执行,循环终止
```

```
>>> i = 0    #使用 while 循环和 break 语句的实例
>>> while i<10
        i + = 1
        if i == 5:
            break
        print(i)
1(输出结果)
2
3
4    #该代码会打印从 1 到 4 的数字,因为当 i 等于 5 时,break 语句被执行,循环终止
```

2.4.2 continue 语句

在循环运行过程中使用 continue 语句可以跳出当前循环的剩余语句,直接开始下一轮循环,其语法格式如下所示:

```
for 变量 in 序列:
    if 条件:
        continue    #当满足条件时跳过本次循环,直接开始下次循环
```

continue 语句同样可以在 while 循环中使用。需要注意的是,使用 continue 语句时,更新变量的表达式要写在 continue 语句前面,否则 continue 语句会跳过更新变量的表达式,造成死循环。其在 while 循环中的语法格式如下所示:

```
while 条件 1:
    代码块
    if 条件 2:
        continue    #当满足条件 2 时跳过本次循环,直接开始下次循环
```

以下实例演示 Python 中 continue 语句的操作:

```
>>> for i in range(10):    #使用 for 循环和 continue 语句的实例
        if i == 4:
            continue
        print(i)
0(输出结果)
1
2
3
5
6
7
8
9
```

```
>>> i = 0    ♯使用 while 循环和 continue 语句的实例
>>> while i<10:
        i + = 1
        if i == 5:
            continue
        print(i)
1(输出结果)
2
3
4
6
7
8
9
10
```

3. 函数

函数是组织好的、可重复使用的、用来实现单一或相关联功能的代码段。前面我们已经使用过了很多函数,如 input()、print()等。函数能提高应用的模块性和代码的重复利用率。

Python 中函数分为内置函数和自定义函数两种。内置函数就是 Python 自带的函数,系统可以直接调用。在解决实际问题时,如内置函数无法满足需求功能,而这个功能又需要多次调用,就可以通过自定义函数来提高代码编写效率。

3.1 内置函数

Python 中提供了大量可以直接使用的内置函数。

3.1.1 内置函数列表

Python 中提供的内置函数,除了常用的 print()和 input()以外,还有以下常用的内置函数,如图 2-3-6 所示。更多内置函数可以查阅官方文档。

3.1.2 常用内置函数举例

① abs()函数

abs()返回一个数的绝对值。参数可以是整数、浮点数或任何实现 abs()的对象。如果参数是一个复数,那么返回它的模。实例操作如下所示:

```
abs(-100.54)
100.54   (输出结果)
```

② max()函数和 min()函数

max()函数返回给定参数的最大值,min()函数返回给定参数的最小值。实例操作如下所示:

```
print(max(20,40,60))
60   (输出结果)
print(min(20,40,60))
20   (输出结果)
```

```
内置函数
A              E              L              R
abs()          enumerate()    len()          range()
aiter()        eval()         list()         repr()
all()          exec()         locals()       reversed()
anext()                                      round()
any()          F              M
ascii()        filter()       map()          S
               float()        max()          set()
B              format()       memoryview()   setattr()
bin()          frozenset()    min()          slice()
bool()                                       sorted()
breakpoint()   G              N              staticmethod()
bytearray()    getattr()      next()         str()
bytes()        globals()                     sum()
                              O              super()
C              H              object()
callable()     hasattr()      oct()          T
chr()          hash()         open()         tuple()
classmethod()  help()         ord()          type()
compile()      hex()
complex()                     P              V
               I              pow()          vars()
D              id()           print()
delattr()      input()        property()     Z
dict()         int()                         zip()
dir()          isinstance()
divmod()       issubclass()                  _
               iter()                        __import__()
```

图 2-3-6　Python 中内置函数图

③ round()函数

round(x,n)函数可以返回浮点数 x 四舍五入后的值,n 代表该浮点数保留几位小数。实例操作如下所示：

print(round(100.48654,3))
100.487　（输出结果）

当参数 n 不存在时,round()函数输出整数,如下所示：

print(round(100.48654))
100　（输出结果）

当参数 n 存在时,即使为 0,round()函数也会输出一个浮点数,如下所示：

print(round(100.48654,0))
100.0　（输出结果）

当参数 n 是负数时,表示在整数位四舍五入,输出的仍然是浮点数,如下所示：

print(round(100.48654,-2))
100.0　（输出结果）

print(round(162.48246,-2))
200.0　（输出结果）

④ pow()函数

pow(x,n)函数可以返回 x 的 n 次方的值。参数 n 可以为正数,也可以为负数。例如用 pow() 函数计算年利率为 12%，期数为 5 的复利终值系数（结果保留 4 位小数），实例操作如下所示：

```
print(round(pow(1.12,5),4))
1.7623
```

⑤ sum() 函数

sum(iterable[,start]) 函数可以对序列进行求和计算。参数 iterable 为可迭代对象，可以是列表[1,2,3]、元组(1,2,3)、集合{1,2,3}；start 指定与序列相加的参数，如果没有指定这个参数，那么默认从 0 开始。实例操作如下所示：

```
print(sum([10,20,30]))    #未指定 start 参数，默认为 0
60    （输出结果）
print(sum([10,20,30],3))    #指定 start 参数为 4
63    （输出结果）
```

⑥ list() 函数

list() 函数是对象迭代器，用于将元组()、集合{}、字符串等对象转换为列表，返回的结果为用方括号[]标识的列表。实例操作如下所示：

```
print(list((20,40,60)))    #将元组()转换为列表
[20, 40, 60]    （输出结果）
print(list({20,40,60}))    #将集合{}转换为列表
[40, 20, 60]    （输出结果）
print(list('Python'))    #将字符串转换为列表
['p', 'y', 't', 'h', 'o', 'n']    （输出结果）
```

⑦ range() 函数

range(start,stop[,step]) 函数中，参数 start 表示计数从 start 开始，默认从 0 开始；参数 stop 表示计数到 stop 结束，但不包括 stop；参数 step 表示步长，默认为 1。

range() 函数返回的是一个可迭代对象，所以输出的是一个对象。该对象可以通过 list() 函数将其转换为列表。实例操作如下所示：

```
print(list(range(10)))    #返回 0~10 的列表，不包括 10
[0, 1, 2, 3, 4, 5, 6, 7, 8, 9]    （输出结果）
print(list(range(1,10)))    #返回 1~10 的列表，不包括 10，默认步长为 1
[1, 2, 3, 4, 5, 6, 7, 8, 9]    （输出结果）
print(list(range(1,10,2)))    #返回 1~10 的列表，不包括 10，设置步长为 2
[1, 3, 5, 7, 9]    （输出结果）
```

⑧ int() 函数

int(x,base) 函数用于将一个字符串或数字转换为整数。参数 x 可以是数字，也可以是字符串。参数 base 表示 x 的进制，默认为十进制。实例操作如下所示：

```
print(int(14.95))
14    （输出结果）
```

⑨ float()函数

float()函数用于将整数或字符串转换为浮点数。实例操作如下所示：

```
print(float(200))    #将整数转换为浮点数
200.0  （输出结果）
print(float('200'))  #将字符串转换为浮点数
200.0  （输出结果）
```

3.2 自定义函数

3.2.1 自定义函数的格式

Python 中除了有可以直接使用的内置函数外，还支持自定义函数，即将一段有规律的、可重复使用的代码定义成函数，达到一次编写、多次调用的目的。

自定义函数的语法格式如下：

```
def 函数名(参数列表):
    函数体
    [return 返回值列表]
```

自定义函数时应注意：

第一，任何传入参数和自变量必须放在圆括号中间，圆括号之间可以用于定义参数；

第二，括号中的参数可为空；

第三，函数体相对关键字必须保持一定的缩进（一般是四个空格符）；

第四，函数是否有返回值，需根据函数实现的功能而定。有返回值的就要编写 return 语句，没有返回值则不用。

以下实例演示 Python 中自定义函数的操作步骤：

```
def hi():    #自定义一个 hi()函数,这里没有参数,但是需要输入()
    print('hello,Python!')
hi()   #调用函数
hello,Python!  （输出结果）
```

自定义函数计算资产负债比：

```
def ratio(asset,debt):   #自定义一个 ratio()函数
    ratio = debt/asset   #函数体:将 debt/asset 的结果保存到变量 ratio 中
    return ratio         结束函数,返回 ratio 的值
ratio(2000,200)   #调用函数,并传入参数
0.1  （输出结果）
```

3.2.2 参数传递

参数传递是指在程序运行过程中，实际参数将参数值传递给相应的形式参数，然后在函数中实现数据处理和返回的过程。其实，形式参数是指定义函数时使用的参数，实际参数是指调用函数时使用的函数。形式参数和实际参数的说明如下：

```
def func(a,b):    #a 和 b 为形式参数
    c = a + b
```

```
    return c
func(100,200)        #100,200 为实际参数
300    (输出结果)
```

Python 调用函数时,将实际参数传给函数,这个过程叫做传参。Python 可通过以下参数传参。

第一种是位置参数。位置参数是指按照正确顺序将实际参数传到函数中,即传入实际参数的数量、位置需和定义函数时完全一致。操作如下所示:

```
>>> def func(a,b,c):
        print(a+b+c)

>>> func(100,200,300)
600    (输出结果)
```

缺少参数会导致程序报错,如下所示:

```
>>> def func(a,b,c):
        frint(a+b+c)


>>> func(100,200)    #缺少参数
Traceback (most recent call last):
  File "<stdin>", line 1, in <module>
TypeError: func() missing 1 required positional argument: 'c'
```

第二种是默认参数值。定义参数时,可以为参数指定默认值。

```
def func(a,b,c=300):
    print(a+b+c)
func(1,2)    #没有传入参数 c,默认为 300
303    (输出结果)
func(1,2,3)    #传入参数 c=3
6    (输出结果)
```

第三种是关键字参数。关键字参数通过"参数名=值"的形式传参,无法按照参数的指定顺序,这样可以让参数更加清晰、易用。

```
def func(a,b,c):
    print(a+b+c)
func(c=10,b=20,a=2)
32
```

上述例子在调用函数时,并没有按照参数顺序传参,而是用参数名传参。这样的方式更加灵活,也让函数调用者更加明确每个参数所传的具体值。需要注意的是,采用这种方式调用参数时,每个参数名都必须写上,不能遗漏,否则就会报错。

4. 模块

退出 Python 解释器再次进入时,之前在 Python 解释器中定义的函数和变量就丢失了。因此,编写较长程序时,最好用文本编辑器代替解释器,执行文件中的输入内容,这就是编写脚本。随着程序越来越长,为了方便维护,最好把脚本拆分成多个文件。编写脚本还有一个好处,即不同程序调用同一个函数时,不用把函数定义复制到各个程序。为实现这些需求,Python 把各种定义存入一个文件,在脚本或解释器的交互式实例中使用。这个文件就是模块;模块中的定义可以导入其他模块或主模块。一个模块里可以包含多个函数,还可以包含类、语句等。

Python 中的模块分为内置模块、自定义模块和第三方模块三种,如表 2-3-1 所示。

表 2-3-1　Python 模块分类及描述

模块分类	描述
内置模块	Python 自带标准库中的模块,可以直接导入并使用
自定义模块	用户自己编写的模块,可以用作其他人的第三方模块
第三方模块	Python 的开源模块库,是世界各地的开发者提供的模块,使用之前需先安装导入

4.1　导入模块

使用模块之前需要先导入模块,其原理是在指定范围内搜索对应的 Python 文件或包,并执行语句获取其中的方法。Python 中提供两种导入方式,分别是使用 import 导入和使用 from...import...导入。

① 使用 import 导入

Python 中可以直接使用 import 语句导入模块,其语法格式如下:

```
import 模块名
```

有时候,需要导入的模块名称可能比较长,为了方便后续引用模块中的方法可以用 as 为模块指定一个别名,采用如下语法格式:

```
import 模块名 as 别名
```

以下实例演示导入模块的操作:

```
import random
import random as rd
```

不管执行了多少次 import,一个模块只会被导入一次,这样可以防止导入模块被一遍又一遍地执行。

② 使用 from...import...导入

Python 的 from 语句可以从模块中导入一个指定的方法(函数)到当前命名空间中。语法如下:

```
from 模块名 import 方法
```

同样地,也可以为模块或模块中的方法指定别名,语法格式如下:

```
from 模块名 import 方法 as 别名
```

使用 import 和 from...import... 都可以导入模块,两者的区别在于:使用前者导入模块后,调用模块下的方法需要添加前缀"模块名.",而使用后者导入模块后,调用模块下的方法则无须添加模块名。

以下实例演示使用 from...import... 导入模块:

```
from random import random      #导入 random 模块下的 random 方法
from random import random as rd   #导入 random 模块下的 random 方法,并起别名 rd
```

4.2 内置模块

Python 中提供了丰富的内置模块,无须安装就可以直接使用。常用的内置模块包括 random 模块、datetime 模块等。

4.2.1 random 模块

random 模块是用于生成随机数的内置模块。random 模块中的主要函数如表 2-3-2 所示:

表 2-3-2 random 模块中的主要函数

函数名	描述
random()	生成一个 0~1 中的随机浮点数
randint(a,b)	返回 a~b 中的整数
randrange(start,end,step)	类似于 range() 函数,返回区间内的整数
choice(seq)	从序列 seq 中随机读取一个元素

以下实例演示使用 random() 函数生成 0~1 中的随机浮点数,random() 是 Python 中最常见的随机函数,无须传入参数。

```
import random as rd
rd.random()
0.0118972280077223043   (输出结果)
```

以下实例演示使用 randint(a,b) 函数生成随机整数:

```
import random as rd
rd.randint(1,20)    #生成 1~20 中的随机整数
3   (输出结果)
```

4.2.2 datetime 模块

datetime 模块是 Python 中对日期和时间进行处理的模块。datetime 模块中的主要函数如表 2-3-3 所示:

表 2-3-3 datetime 模块中的主要函数

函数名	描述
now()	获取当前的日期和时间
date()	获取指定的日期和时间

续表

函数名	描述
today()	获取当前日期
strptime()	按指定时间格式将字符串转化为时间数据
strftime()	将给定的时间对象格式化为字符串

以下实例演示使用 now() 获取当前的日期和时间：

```
import datetime as dt
print(dt.datetime.now())
2023-12-03 10:28:08.927759    （输出结果）
```

4.3 第三方模块

尽管 Python 中的内置模块提供了丰富的功能，但总体来说只是基础和通用的功能。Python 社区针对数据分析与挖掘、网络爬虫、机器学习等特定领域提供并分享了大量功能强大的第三方模块。使用第三方模块前需要安装并导入。财务中常见的第三方模块有 NumPy 模块、pandas 模块、matplotlip 模块、pyecharts 模块等。

NumPy 模块是一个开源的 Python 扩展库，用于处理数据类型相同的多维数组，还可以用来存储和处理大型矩阵，比 Python 语言提供的列表结构要高效得多。NumPy 模块还提供了许多高级的数值编程工具，如矩阵运算、矢量处理工具等。

pandas 模块是基于 NumPy 模块构建的含有更高级的数据结构和工具的第三方模块。它是一个强大的分析结构化数据的工具集，支持从 CSV、JSON、SQL、EXCEL 等各种文件中导入数据，并对各种数据进行运算，比如归并、重构选择，以及数据清洗和数据加工等。此外，pandas 模块集成了 matplotlib 模块，可以便捷地进行数据可视化，将数据以图形形式展示出来。

matplotlib 模块是 Python 中的数据可视化库，它是一个二维绘图库，包含丰富的数学绘图函数，可以绘制折线图、直方图、散点图、饼图等可视化图形。在 matplotlib 模块中还有很多扩展包，可以实现 3D 绘图功能。

pyecharts 模块具有很多优异特性，如囊括了日历图、漏斗图、仪表图、关系图、雷达图、词云图等常见图标，具有高度灵活的配置项，可轻松搭配出精美的图标。

除了第三方模块外，用户还可以自定义模块，模块由自己编写并可以作为其他人使用的第三方模块。当有一系列函数或方法需要被反复调用时，用户可以自行创建模块，对程序进行打包，这样可以在使用时直接导入，保证代码更加简洁高效。

第二篇

应用篇

第三章 数据获取

章节导读

数据获取是数据分析的基础。数据获取一般有3种途径,即通过数据库、数据接口和网络爬虫获取。通过数据库获取数据受阻比较大,要有数据库的访问权限才可以进行,出于数据安全考虑,一般工作人员很难拥有数据库访问权限。因此,本章重点介绍如何通过数据接口和网络爬虫获取数据。

任务一 数据接口

传统意义的数据接口是指"进行数据传输时向数据连接线输出数据的接口",而在数据科学领域,数据接口有不同的定义。这里的数据接口特指"数据平台或其他数据提供方向数据需求方提供的获取数据的规范与方法"。作为数据使用者,需要遵守相应的规范与方法,以获取数据平台或其他数据提供方指定的数据。

日常生活中,我们会接触到各种数据接口的应用,比如数据宝、极速、数据堂、聚合、京东万象等;网购时的快递动态,可以通过支付宝查询,支付宝上的相关信息是通过各大物流企业的数据接口获取的。根据以上描述可知,开放的数据接口都提供了获取数据的方法,以便使用者使用。

网络上免费、开源的数据平台有很多,下面以从证券宝数据平台 http://baostock.com 获取证券历史行情数据、上市公司财务数据等为例,介绍如何通过数据接口获取数据。

证券宝是一个免费、开源的证券平台,提供大量准确、完整的证券历史行情数据、上市公司财务数据等。通过 Python 应用接口(application program interface,API)获取证券数据信息,可满足量化交易投资者、数量金融爱好者、计量经济从业者数据需求。

证券宝返回的数据格式为 pandas DataFrame 类型,以便于用 pandas/NumPy/Matplotlib 进行数据分析和可视化。

证券宝同时支持通过 BaoStock 的数据存储功能,其将数据全部保存到本地后进行分析。

1. 数据接口的规则

通过数据接口获取数据,首先需要了解接口规则。证券宝提供了季频盈利能力 query

_profit_data()、季频营运能力 query_operation_data()、季频成长能力 query_growth_data()、季频偿债能力 query_balance_data()、季频现金流量 query_cash_flow_data()、季频杜邦指数 query_dupont_data()等接口,通过这些接口可以查询企业的季频财务数据信息。若要获取某上市公司的季频盈利能力信息,可以单击页面右侧的"季频盈利能力"菜单,获取 query_profit_data()方法的相关说明,以及系统提供的 Python 示范代码,如图 3-1-1 所示。

图 3-1-1　证券宝季频盈利能力方法示例

2. 数据接口的运行情况

动手实操

利用 qurey_profit_data()接口获取季频盈利能力数据:

```
import baostock as bs
import pandas as pd
  #登录系统
lg = bs.login()
  #显示登录返回信息
print('login respond error_code:' + lg.error_code)
print('login respond error_msg:' + lg.error_msg)
#查询季频估值指标盈利能力
profit_list = []
rs_profit = bs.query_profit_data(code = "sh.600000", year = 2017, quarter = 2)
while (rs_profit.error_code = = '0') & rs_profit.next():
```

```
        profit_list.append(rs_profit.get_row_data())
result_profit = pd.DataFrame(profit_list, columns = rs_profit.fields)
#打印输出
print(result_profit)
#登出系统
bs.logout()
```

运行结果

```
login success
login respond error_code:0
login respond error_msg:success
        code    pubDate    statDate      roeAvg    npMargin    gpMargin  \
0   sh.600000 2017-08-30  2017-06-30    0.137200    0.074617    0.342179

       netProfit        epsTTM          MBRevenue         totalShare  \
0  28522000000.000000  1.939029  83354000000.000000  28103763899.00

       liqaShare
0   28103763899.00
logout success!
```

根据运行结果，我们可以看到股票代码为 sh.600000 的上市公司的部分数据，通过 query_profit_data() 数据接口返回给用户。query_profit_data() 的参数描述见表 3-1-1。

表 3-1-1 query_profit_data() 的参数描述

参数名称	参数描述	算法说明
code	股票代码	
pubDate	公司发布财报日期	
statDate	财报统计季度最后一天	
roeAvg	净资产收益率（平均）	归属母公司股东净利润/[（期初归属母公司股东的权益＋期末归属母公司股东的权益)/2]×100%
npMargin	销售净利率	净利润/营业收入×100%
gpMargin	销售毛利率	毛利/营业收入×100%＝(营业收入－营业成本)/营业收入×100%
nctProfit	净利润	
epsTTM	每股收益	归属母公司股东净利润/最新总股本
MBRevenue	主营业务收入	
totalShare	总股本	
liqaShare	流通股本	

3. 获取其他数据

如要获取不同上市公司不同时期的季频盈利能力数据，可以调整代码中的可变参数，如表 3-1-2 所示：

表 3-1-2　query_profit_data() 的可变参数

参数名称	参数描述	算法说明
code	股票代码	sh. 或 sz. 与 6 位数字组合，如 sz.000651。sh 表示上海，sz 表示深圳。此参数不可为空
year	统计年份	为空时默认为当年
quarter	统计季度	可为空，默认当前季度。不为空时只有 4 个取值：1、2、3、4

动手实操

修改代码，获取不同上市公司不同时期的季频盈利能力数据：

```
#登录系统
lg = bs.login()
#查询
result_list = []
rs_data = bs.query_profit_data(code = "sh.600519", year = 2021, quarter = 3)
while (rs_data.error_code == '0') & rs_data.next():
    result_list.append(rs_data.get_row_data())
#将返回结果转为 DataFrame 格式
result_table = pd.DataFrame(result_list, columns = rs_data.fields)
#登出系统
bs.logout()
#执行该语句，将直接输出表格内容
print(result_table)
```

运行结果

```
login success!
logout success!
login success!
logout success!
        code    pubDate    statDate    roeAvg   npMargin   gpMargin  \
0  sh.600519  2021-10-23  2021-09-30  0.222040  0.530196   0.911914

     netProfit    epsTTM    MBRevenue    totalShare       liqaShare
0   3957496119  1.110000    39.911195  1256197800.00  1256197800.00
```

通过修改可变参数，我们可以获取股票代码为 sh.600519 的上市公司 2021 年第 3 季度的季频盈利能力数据。

除此之外，还可以修改代码，采集上市公司历史 5 年的营运能力数据。

动手实操

获取上市公司历史 5 年的营运能力数据：

```
import baostock as bs
import pandas as pd
```

```python
#登录系统
lg = bs.login()
#放置一个列表用于接收数据接口返回的数据,取名"结果列表"
result_list = []
#查询季频估值指标营运能力
#获取2016年的数据
return_data = bs.query_operation_data(code = "sz.000651", year = 2016, quarter = 4)
while (return_data.error_code == '0') & return_data.next():
    result_list.append(return_data.get_row_data())  #将2016年的数据添加至结果列表
#运行完上面三行代码,result_list结果列表将有2016年这一条数据
#获取2017年的数据
return_data = bs.query_operation_data(code = "sz.000651", year = 2017, quarter = 4)
while (return_data.error_code == '0') & return_data.next():
    result_list.append(return_data.get_row_data())  #将2017年的数据添加至结果列表
#运行完上面三行代码,result_list结果列表将有2016年、2017年这两条数据
#获取2018年的数据
return_data = bs.query_operation_data(code = "sz.000651", year = 2018, quarter = 4)
while (return_data.error_code == '0') & return_data.next():
    result_list.append(return_data.get_row_data())  #将2018年的数据添加至结果列表
#运行完上面三行代码,result_list结果列表将有2016年、2017年、2018年这三条数据
#获取2019年的数据
return_data = bs.query_operation_data(code = "sz.000651", year = 2019, quarter = 4)
while (return_data.error_code == '0') & return_data.next():
    result_list.append(return_data.get_row_data())  #将2019年的数据添加至结果列表
#运行完上面三行代码,result_list结果列表将有2016年、2017年、2018年、2019年这四条数据
#获取2020年的数据
return_data = bs.query_operation_data(code = "sz.000651", year = 2020, quarter = 4)
while (return_data.error_code == '0') & return_data.next():
    result_list.append(return_data.get_row_data())  #将2020年的数据添加至结果列表
#运行完上面三行代码,result_list结果列表将有2016年、2017年、2018年、2019年、2020年这五条数据
#将结果列表转为DataFrame表格格式
result_table = pd.DataFrame(result_list, columns = return_data.fields)
#退出系统
bs.logout()
#执行该语句,将直接输出表格内容
print(result_table)
```

运行结果

```
login success!
logout success!
```

```
login success!
logout success!
login success!
logout success!
        code      pubDate     statDate  NRTurnRatio  NRTurnDays  INVTurnRatio  \
0   sz.000651   2017-04-27   2016-12-31    37.091528    9.705720      7.880019
1   sz.000651   2018-04-26   2017-12-31    33.797380   10.651713      7.780403
2   sz.000651   2019-04-29   2018-12-31     4.851078   74.210317      7.557937
3   sz.000651   2020-04-30   2019-12-31     7.603058   47.349370      6.508443
4   sz.000651   2021-04-29   2020-12-31    19.499587   18.461929      4.781317

   INVTurnDays  CATurnRatio  AssetTurnRatio
0    45.685166     0.834632        0.640066
1    46.270095     0.954185        0.755124
2    47.632043     1.077583        0.858100
3    55.312765     0.970808        0.750678
4    75.293065     0.798588        0.606547
```

通过修改代码，可以获取股票代码为 sz.000651 的上市公司 5 年的营运能力数据。

任务二　了解爬虫

1. 什么是网络爬虫

网络爬虫（web crawler）又称网络蜘蛛、网络机器人，是一种按照一定规则自动抓取网页数据的程序或脚本。通俗地讲，网络爬虫就是一个模拟真人浏览互联网行为的程序。这个程序可以代替真人自动请求互联网，并接收从互联网返回的数据。

网络爬虫按照系统结构和实现技术大致可以分为 4 种类型，分别是通用网络爬虫、聚焦网络爬虫、增量式网络爬虫、深层网络爬虫。下面分别对这 4 种网络爬虫进行介绍。

1.1　通用网络爬虫

通用网络爬虫又称全网爬虫，是指访问互联网资源的网络爬虫。通用网络爬虫主要是搜索引擎使用的爬虫（如百度、谷歌、雅虎等），它们的目标是尽可能地爬取整个互联网资源，该资源数量巨大且范围广泛。这类网络爬虫对爬行速度和存储空间的要求非常高，但是对抓取网页的顺序的要求相对较低。

1.2　聚焦网络爬虫

聚焦网络爬虫又称主题网络爬虫，是指有选择性地访问那些与预定主题相关的网页的网络爬虫，它们针对特定的任务或者网站进行爬取，比如我们自己编写的爬虫，通常就是聚焦网络爬虫。

1.3 增量式网络爬虫

增量式网络爬虫是指对已下载的网页采取增量式更新,只抓取新产生或者已经发生变化的网页的网络爬虫。

增量式网络爬虫只会抓取新产生的或内容变化的网页,并不会重新抓取内容未发生变化的网页,这样可以有效地减少网页的下载量,减少访问时间和存储空间的耗费。

1.4 深层网络爬虫

深层网络爬虫是指抓取深层网页的网络爬虫。它要抓取的网页层次比较深,需要通过一定的附加策略才能自动抓取,实现难度较大。

2. 网络爬虫的基本原理

网络爬虫的基本原理是用户向服务器发送访问的请求,服务器接收到客户端请求后,验证请求的有效性,然后向客户端发送回应的内容,客户端接收并将内容展示出来。

3. 网络爬虫的一般工作流程

网络爬虫的一般工作流程如图 3-2-1 所示。

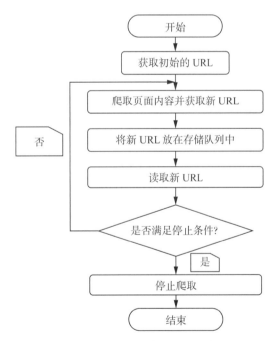

图 3-2-1　网络爬虫的一般工作流程图

4. 网络爬虫的应用场景

随着互联网信息的"爆炸",网络爬虫渐渐为人们所熟知,并被应用到社会生活的众多领域。作为一种自动采集网页数据的技术,很多人其实并不清楚网络爬虫具体能应用到什么场景。事实上,大多数依赖数据支撑的应用场景都离不开网络爬虫,包括搜索引擎、舆情分析与监测、聚合平台、出行类软件等,关于这 4 个应用场景的介绍如下。

4.1 搜索引擎

搜索引擎是网络爬虫最重要的应用场景之一,它将网络爬虫作为最基础的部分互联网信息的采集器,让网络爬虫自动到互联网中抓取数据。例如,谷歌、百度等搜索引擎都利用网络爬虫技术从互联网中采集海量的数据。

4.2 舆情分析与监测

政府或企业通过网络爬虫技术自动采集论坛评论、在线博客、新闻媒体或微博等网站中的海量数据,采用数据挖掘的相关方法(如词频统计、文本情感计算、主题识别等)发掘舆情热点,跟踪目标话题,并根据一定的标准采取相应的舆情控制与引导措施。例如,百度热搜、微博热搜等。

4.3 聚合平台

如今出现的很多聚合平台,如返利网、慢慢买等,也是网络爬虫技术常见的应用场景。这些平台运用网络爬虫技术对一些电商平台上的商品信息进行采集,将所有的商品信息放到自己的平台上展示,并提供横向数据的比较,帮助用户寻找实惠的商品价格。例如,用户在慢慢买平台搜索华为智能手表,平台上会展示很多款华为智能手表的价格分析及价格走势等信息。

4.4 出行类软件

出行类软件(如飞猪、携程、去哪儿等)也是网络爬虫应用得比较多的场景。这类应用运用网络爬虫技术,不断地访问交通出行的官方售票网站刷新余票,一旦发现有新的余票便会通知用户付款买票。不过,官方售票网站并不欢迎网络爬虫的这种行为,因为高频率地访问网页极易造成网站瘫痪。

总而言之,网络爬虫具有非常大的潜在价值,它不仅能为有高效搜索需求的用户提供有力的数据支持,还能为中小型网站的推广引流提供有效的渠道,给我们的生活带来了极大的便利。但同时,网络爬虫若不加以规范,很有可能侵害我们的利益。

5. 网络爬虫的应用展示

下面以从新浪财经网爬取格力电器(000651)的利润表数据为例,展示使用 Python 爬取数据的过程。

5.1 查找数据所在网页

5.2 登录新浪财经网的主页,搜索"格力电器",进入详情页面

如图 3-2-2 所示,在其左侧导航栏找到"利润表",进入格力电器的利润表页面,如图 3-2-3 所示。

5.3 编写代码爬取网页内容

在了解了数据所在网页的结构后,需要将这些数据爬取出来。读取 Excel 文件可通过 read_excel() 实现,类似地,读取网页数据可通过 read_html() 实现。

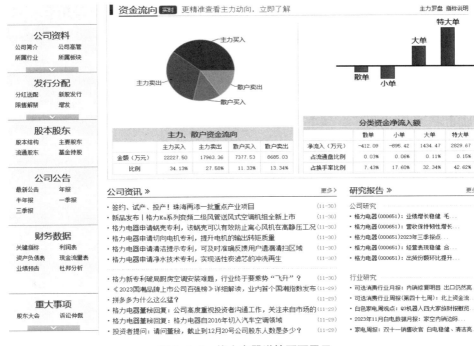

图 3-2-2　格力电器详情页面展示

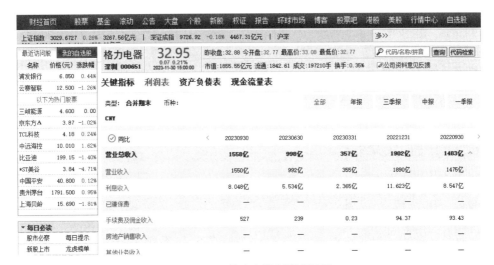

图 3-2-3　格力电器利润表展示

动手实操

读取格力电器(000651)的利润表：

```
import pandas as pd
tables =
pd.read_html('https://finance.sina.com.cn/realstock/company/sz000651/nc.shtml')
print(tables)
```

直接运行这段代码,我们将直接得到一份上市公司格力电器(000651)的利润表。我们发现这段代码行数并不多,仅仅4行,只需要将网页网址作为参数,告诉read_html()方法,我们就能拿到我们要的数据。运行结果如下:

运行结果

```
[           名称         价格(元)          涨跌幅
0  尚未添加自选,点击进入   尚未添加自选,点击进入   尚未添加自选,点击进入
1          NaN           NaN           NaN
2       我的自选股>>       我的自选股>>       我的自选股>>
3      以下为热门股票      以下为热门股票      以下为热门股票
4          NaN           NaN          NaN,      0    1
0   股市必察    每日提示
1   新股上市    龙虎榜单
2   股市雷达    NaN,       0    1
0   公司简介    股本结构
1   主要股东    流通股东
2   基金持股    公司高管
3   公司章程    相关资料,     0    1
0   分时走势    行情中心
1   大单追踪    成交明细
2   分价图表    持仓分析,     0    1
0   分红配股    新股发行
1   增发情况    招股说明
2   上市公告    上市公告,     0    1
0   业绩预告    业绩预告
1   利润表     利润表
2   资产负债表   资产负债表
3   现金流量表   现金流量表,     0    1
0   业绩预告    业绩预告
1   股东权益增减  股东权益增减,   0    1
0   关键指标    杜邦分析,     0    1
0   所属行业    所属指数
1   相关证券    基本资料
2   所属系别    所属板块,     0    1
0   公司公告    年度报告
1   中期报告    第一季度
2   第三季度    第三季度,     0    1
0   控股参股    参股券商
1   资产托管    资产置换
2   资产交易    资产剥离,     0    1
```

0	股东大会	股东大会	
1	违规记录	NaN	
2	诉讼仲裁	NaN	
3	对外担保	NaN,	0

0 历年数据: 2023 2022 2021 2020 2019 2018 2017 2016..., 格力电器(000651)利润表单位:万元 格力电器(000651)利润表单位:万元.1 格力电器(000651)利润表单位:万元.2 \

	报表日期	2022-12-31	2022-09-30
0			
1	NaN	NaN	NaN
2	一、营业总收入	19015067.25	14834366.47
3	营业收入	18898838.27	14748895.92
4	二、营业总成本	16210725.38	12655414.21
5	营业成本	13978438.79	10982009.07
6	营业税金及附加	161224.34	113606.09
7	销售费用	1128545.11	834673.42
8	管理费用	526799.97	398248.05
9	财务费用	-220676.46	-155589.37
10	研发费用	628139.44	475587.98
11	资产减值损失	--	--
12	公允价值变动收益	-34357.57	-89608.63
13	投资收益	8688.39	-2914.83
14	其中:对联营企业和合营企业的投资收益	-332.43	-3444.06
15	汇兑收益		
16	三、营业利润	2728409.71	2044002.56
17	加:营业外收入	5981.03	4005.87
18	减:营业外支出	12652.26	8498.81
19	其中:非流动资产处置损失	--	--
20	四、利润总额	2721738.48	2039509.62
21	减:所得税费用	420604.05	295192.54
22	五、净利润	2301134.44	1744317.08
23	归属于母公司所有者的净利润	2450662.38	1830412.42
24	少数股东损益	-149527.94	-86095.33
25	六、每股收益	NaN	NaN
26	基本每股收益(元/股)	4.4300	3.2500
27	稀释每股收益(元/股)	4.4300	3.2500
28	七、其他综合收益	-915787.06	-960730.28
29	八、综合收益总额	1385347.38	783586.80
30	归属于母公司所有者的综合收益总额	1534552.10	870438.65
31	归属于少数股东的综合收益总额	-149204.73	-86851.85

	格力电器(000651)利润表单位:万元.3	格力电器(000651)利润表单位:万元.4	格力电器(000651)利润表单位:万元.5
0	2022-06-30	2022-03-31	NaN
1	NaN	NaN	NaN
2	9580655.94	3553462.90	NaN
3	9522232.60	3525962.89	NaN
4	8217523.82	3117253.96	NaN
5	7189765.26	2691898.05	NaN
6	71475.77	28824.79	NaN
7	491778.14	195350.24	NaN
8	248793.94	123844.35	NaN
9	-95057.88	-56605.34	NaN
10	305554.48	132140.38	NaN
11	--	--	NaN
12	-55418.49	-222.12	NaN
13	10704.08	7544.15	NaN
14	1410.42	61.82	NaN
15	--	--	NaN
16	1269006.52	418149.58	NaN
17	2836.85	1586.02	NaN
18	6102.28	798.14	NaN
19	--	--	NaN
20	1265741.10	418937.46	NaN
21	183061.99	60583.85	NaN
22	1082679.11	358353.61	NaN
23	1146647.96	400331.60	NaN
24	-63968.85	-41977.99	NaN
25	NaN	NaN	NaN
26	1.9400	0.6800	NaN
27	1.9400	0.6800	NaN
28	-304568.83	-455365.01	NaN
29	778110.28	-97011.40	NaN
30	841693.12	-55651.69	NaN
31	-63582.84	-41359.71	NaN

将网页信息与以上返回的结果进行比对,我们可以看出,read_html()没有将整个网页的内容读取出来,因为 read_html()读取的是网页上的表格数据,非表格数据无法被获取。

5.4 根据爬取的网页内容筛选出想要的数据

查看上述代码运行的结果,可以看到返回的数据内容比较多,存在很多冗余的数据,我们需要进行筛选,从而得到自己想要的数据。

由前面的知识点可知，从网页抓取到的数据是表格数据，而返回结果显示，很多数据都从索引 0 开始，说明返回内容中有很多表格。可通过 len() 统计表格数量，从而定位到利润表所在位置。

动手实操

查看返回的数据由多少个表格组成：

```
print(len(tables))
```

运行结果

```
15
```

返回结果是 15，表明共有 15 张表格。通过输出分隔线可以隔开各表格数据，以便于我们查找利润表所在的位置。

动手实操

使用分割线对每个表格进行分割：

```
for i in tables:
    print(i)
    print('————分隔线————')
```

运行结果

```
        名称              价格(元)           涨跌幅
0  尚未添加自选, 点击进入   尚未添加自选, 点击进入   尚未添加自选, 点击进入
1         NaN              NaN            NaN
2       我的自选股>>        我的自选股>>       我的自选股>>
3       以下为热门股票       以下为热门股票      以下为热门股票
4         NaN              NaN            NaN
————分隔线————
       0      1
0  股市必察  每日提示
1  新股上市  龙虎榜单
2  股市雷达   NaN
————分隔线————
       0      1
0  公司简介  股本结构
1  主要股东  流通股东
2  基金持股  公司高管
3  公司章程  相关资料
————分隔线————
       0      1
0  分时走势  行情中心
1  大单追踪  成交明细
2  分价图表  持仓分析
```

```
------------------分隔线------------------
      0        1
0  分红配股   新股发行
1  增发情况   招股说明
2  上市公告   上市公告
------------------分隔线------------------
      0         1
0  业绩预告    业绩预告
1  利润表      利润表
2  资产负债表  资产负债表
3  现金流量表  现金流量表
------------------分隔线------------------
      0           1
0  业绩预告      业绩预告
1  股东权益增减  股东权益增减
------------------分隔线------------------
      0       1
0  关键指标  杜邦分析
------------------分隔线------------------
      0        1
0  所属行业  所属指数
1  相关证券  基本资料
2  所属系别  所属板块
------------------分隔线------------------
      0        1
0  公司公告  年度报告
1  中期报告  第一季度
2  第三季度  第三季度
------------------分隔线------------------
      0        1
0  控股参股  参股券商
1  资产托管  资产置换
2  资产交易  资产剥离
------------------分隔线------------------
      0       1
0  股东大会  股东大会
1  违规记录  NaN
2  诉讼仲裁  NaN
3  对外担保  NaN
------------------分隔线------------------
```

```
                                          0
0  历年数据：  2023 2022 2021 2020 2019 2018 2017 2016...
————————分隔线————————
格力电器(000651) 利润表单位:万元 格力电器(000651) 利润表单位:万元.1 格力电器(000651) 利润表单位:万元.2  \
```

		2022-12-31	2022-09-30
0	报表日期		
1	NaN	NaN	NaN
2	一、营业总收入	19015067.25	14834366.47
3	营业收入	18898838.27	14748895.92
4	二、营业总成本	16210725.38	12655414.21
5	营业成本	13978438.79	10982009.07
6	营业税金及附加	161224.34	113606.09
7	销售费用	1128545.11	834673.42
8	管理费用	526799.97	398248.05
9	财务费用	-220676.46	-155589.37
10	研发费用	628139.44	475587.98
11	资产减值损失	--	--
12	公允价值变动收益	-34357.57	-89608.63
13	投资收益	8688.39	-2914.83
14	其中:对联营企业和合营企业的投资收益	-332.43	-3444.06
15	汇兑收益	--	--
16	三、营业利润	2728409.71	2044002.56
17	加:营业外收入	5981.03	4005.87
18	减:营业外支出	12652.26	8498.81
19	其中:非流动资产处置损失	--	--
20	四、利润总额	2721738.48	2039509.62
21	减:所得税费用	420604.05	295192.54
22	五、净利润	2301134.44	1744317.08
23	归属于母公司所有者的净利润	2450662.38	1830412.42
24	少数股东损益	-149527.94	-86095.33
25	六、每股收益	NaN	NaN
26	基本每股收益(元/股)	4.4300	3.2500
27	稀释每股收益(元/股)	4.4300	3.2500
28	七、其他综合收益	-915787.06	-960730.28
29	八、综合收益总额	1385347.38	783586.80
30	归属于母公司所有者的综合收益总额	1534552.10	870438.65
31	归属于少数股东的综合收益总额	-149204.73	-86851.85

	格力电器(000651)利润表单位:万元.3	格力电器(000651)利润表单位:万元.4	格力电器(000651)利润表单位:万元.5
0	2022-06-30	2022-03-31	NaN
1	NaN	NaN	NaN
2	9580655.94	3553462.90	NaN
3	9522232.60	3525962.89	NaN
4	8217523.82	3117253.96	NaN
5	7189765.26	2691898.05	NaN
6	71475.77	28824.79	NaN
7	491778.14	195350.24	NaN
8	248793.94	123844.35	NaN
9	-95057.88	-56605.34	NaN
10	305554.48	132140.38	NaN
11	--	--	NaN
12	-55418.49	-222.12	NaN
13	10704.08	7544.15	NaN
14	1410.42	61.82	NaN
15	--	--	NaN
16	1269006.52	418149.58	NaN
17	2836.85	1586.02	NaN
18	6102.28	798.14	NaN
19	--	--	NaN
20	1265741.10	418937.46	NaN
21	183061.99	60583.85	NaN
22	1082679.11	358353.61	NaN
23	1146647.96	400331.60	NaN
24	-63968.85	-41977.99	NaN
25	NaN	NaN	NaN
26	1.9400	0.6800	NaN
27	1.9400	0.6800	NaN
28	-304568.83	-455365.01	NaN
29	778110.28	-97011.40	NaN
30	841693.12	-55651.69	NaN
31	-63582.84	-41359.71	NaN

---------分隔线---------
           0   1
0 下载全部历史数据到excel中   ↑返回页顶↑
---------分隔线---------

可以观察到返回的结果与 81 页代码运行结果一致,返回的数据一样,只不过表格之间多了一条分隔线。通过分隔线可以定位到利润表在第 14 个表,但是由于系统是从 0 开

始的,因此利润表数据应通过代码 tables[13] 来实现。

动手实操

获取需要的利润表数据:

```
lrb = tables[13]
print(lrb)
```

运行结果

格力电器(000651)利润表单位:万元 格力电器(000651)利润表单位:万元.1 格力电器(000651)利润表单位:万元.2 \

	格力电器(000651)利润表单位:万元	格力电器(000651)利润表单位:万元.1	格力电器(000651)利润表单位:万元.2
0	报表日期	2022-12-31	2022-09-30
1	NaN	NaN	NaN
2	一、营业总收入	19015067.25	14834366.47
3	营业收入	18898838.27	14748895.92
4	二、营业总成本	16210725.38	12655414.21
5	营业成本	13978438.79	10982009.07
6	营业税金及附加	161224.34	113606.09
7	销售费用	1128545.11	834673.42
8	管理费用	526799.97	398248.05
9	财务费用	-220676.46	-155589.37
10	研发费用	628139.44	475587.98
11	资产减值损失	--	--
12	公允价值变动收益	-34357.57	-89608.63
13	投资收益	8688.39	-2914.83
14	其中:对联营企业和合营企业的投资收益	-332.43	-3444.06
15	汇兑收益	--	--
16	三、营业利润	2728409.71	2044002.56
17	加:营业外收入	5981.03	4005.87
18	减:营业外支出	12652.26	8498.81
19	其中:非流动资产处置损失	--	--
20	四、利润总额	2721738.48	2039509.62
21	减:所得税费用	420604.05	295192.54
22	五、净利润	2301134.44	1744317.08
23	归属于母公司所有者的净利润	2450662.38	1830412.42
24	少数股东损益	-149527.94	-86095.33
25	六、每股收益	NaN	NaN
26	基本每股收益(元/股)	4.4300	3.2500
27	稀释每股收益(元/股)	4.4300	3.2500
28	七、其他综合收益	-915787.06	-960730.28
29	八、综合收益总额	1385347.38	783586.80
30	归属于母公司所有者的综合收益总额	1534552.10	870438.65
31	归属于少数股东的综合收益总额	-149204.73	-86851.85

	格力电器(000651)利润表单位:万元.3	格力电器(000651)利润表单位:万元.4	格力电器(000651)利润表单位:万元.5
0	2022-06-30	2022-03-31	NaN
1	NaN	NaN	NaN
2	9580655.94	3553462.90	NaN
3	9522232.60	3525962.89	NaN
4	8217523.82	3117253.96	NaN
5	7189765.26	2691898.05	NaN
6	71475.77	28824.79	NaN
7	491778.14	195350.24	NaN
8	248793.94	123844.35	NaN
9	-95057.88	-56605.34	NaN
10	305554.48	132140.38	NaN
11	--	--	NaN
12	-55418.49	-222.12	NaN
13	10704.08	7544.15	NaN
14	1410.42	61.82	NaN
15	--	--	NaN
16	1269006.52	418149.58	NaN
17	2836.85	1586.02	NaN
18	6102.28	798.14	NaN
19	--	--	NaN
20	1265741.10	418937.46	NaN
21	183061.99	60583.85	NaN
22	1082679.11	358353.61	NaN
23	1146647.96	400331.60	NaN
24	-63968.85	-41977.99	NaN
25	NaN	NaN	NaN
26	1.9400	0.6800	NaN
27	1.9400	0.6800	NaN
28	-304568.83	-455365.01	NaN
29	778110.28	-97011.40	NaN
30	841693.12	-55651.69	NaN
31	-63582.84	-41359.71	NaN

通过以上方法,可以采集到格力电器2022年3月31日、6月30日、9月30日、12月31日的利润表数据。

以上只是针对某只股票在某个年份的数据,如果要获取多只股票的数据,又该如何编写代码?分析一下81页代码中网址的构成,可以看到其中有一串熟悉的数字"000651",即格力电器的股票代码。所以,只需将其修改为其他股票代码,便可以获取相应上市公司的利润表数据。

动手实操

替换股票代码为 600519:

```python
import pandas as pd
tables = pd.read_html('https://finance.sina.com.cn/realstock/company/sz600519/nc.shtml')
lrb = tables[13]
print(lrb)
```

第四章　pandas 模块

章节导读

pandas 是基于 NumPy 的一种工具，该工具是为了完成数据分析任务而创建的。pandas 纳入了大量库和一些标准的数据模型，提供了高效操作大型数据集所需的工具，并提供了大量快速便捷地处理数据的函数和方法，使数据预处理、清洗、分析工作变得更加简单。

任务一　pandas 模块基础

财务分析中涉及很多基于表格数据的分析以及分析结果的输出。pandas 作为专门对数据集进行操作处理的工具，是数据分析中常用的重要模块。

1. pandas 引入规则

pandas 基于 NumPy，可以看成是处理文本或者表格数据。pandas 中有两个主要的数据结构，其中 Series 数据结构类似于 NumPy 中的一维数组，DataFrame 类似于多维表格数据结构。

pandas 是 Python 数据分析的核心模块。它主要提供了五大功能：

支持文件存取操作，支持数据库（sql）、html、json、pickle、csv（txt、excel）、sas、stata、hdf 等；

支持增删改查、切片、高阶函数、分组聚合等单表操作，以及和 dict、list 的互相转换；

支持多表拼接合并操作；

支持简单的绘图操作；

支持简单的统计分析操作。

作为 Python 的第三方模块，pandas 可以通过语句 import pandas 导入，为方便后续调用，一般会为其设置一个别名"pd"。

引入语法：

```
#导入 pandas 模块
    import pandas as pd
```

输入上述代码,后续调用 pandas 相关的函数时,直接在其前加上"pd."就可以了。

pandas 包含两种数据类型:Series 和 DataFrame

Series:一维数据结构,能够保存任何数据类型(整数、浮点数、字符串等),相当于 Excel 表中的一列。

DataFrame:二维数据结构,相当于 Excel 表格。DataFrame 是最常用的 pandas 数据类型,也是财务数据在 Python 中的最佳存储方式。

2. Series 数据结构

Series 是一种一维数据结构,类似于 Python 列表,由一组数据及与之相关的数据索引组成,每个元素带有一个自动索引(索引从 0 开始,也称为原始索引)。除自动索引外,还可以自定义索引,自定义索引可以是数字或字符串(自定义索引可重复)。Series 类型可由 Python 列表、字典、NumPy 数组等数据类型创建。

2.1 创建 Series

简单来说,Series 相当于 Excel 中的任意一列数据,如"姓名"列数据就是一个 Series。Series 主要有两个参数:数据列和索引列。创建时必须填写数据列,索引列参数可以选填。

Series 的基本语法如下:

```
s = pd.Series(data,index)
```

参数说明:

data:字典、ndarray 或标量值(标量就是只有大小、没有方向的量)

index:对 data 的索引值,类似字典的 key,index 参数是可省略的,你可以选择不输入这个参数。如果不带 index 参数,pandas 会自动用默认 index 进行索引,比如 ndarray 数组,索引值是 [0, …, len(data) − 1]

示例用法:

```
#(1)用字典创建一个 Series
data = {'b': 1, 'a': 0, 'c': 2}
ser1 = pd.Series(data)
print(ser1)
运行结果:
b    1
a    0
c    2
dtype: int64
#(2)很巧合的是原始的字典和通过该字典创建的 Series 在数据的获取和设置方面基本一样。Series 类似于固定大小的 dict,可以通过索引标签获取和设置值。
data = {'b': 1, 'a': 3, 'c': 2}
```

```
index = ['b', 'c', 'd', 'a']
ser1 = pd.Series(data = data, index = index)
    # print(ser1)

print(ser1['a'])
ser1['f'] = 12
ser1['d'] = 10
print(ser1)

# 判断是否有索引
print('f' in ser1)
print('z' in ser1)
```

2.2 Series 的基本操作

2.2.1 Series 支持 NumPy 模块的特性

如表 4-1-1 所示：

表 4-1-1 Series 支持 NumPy 模块的特性

详解	方法
由 ndarray 创建 Series	Series(arr)
与标量运算	df * 2
两个 Series 运算	df1＋df2
索引	df[0], df[[1, 2, 4]]
切片	df[0:2]
通用函数	np.abs(df)
布尔值过滤	df[df>0]

示例用法：

```
arr = np.array([1, 2, 3, 4, np.nan])
print(arr)
# [ 1.  2.  3.  4. nan]

df = pd.Series(arr, index = ['a', 'b', 'c', 'd', 'e'])
print(df)
```
运行结果：

```
a    1.0
b    2.0
c    3.0
d    4.0
```

```
    e    NaN
    dtype: float64
```

```python
print(df * 2)
```
运行结果:
```
    a    1.0
    b    4.0
    c    9.0
    d    16.0
    e    NaN
    dtype: float64
```

```python
print(df[0])
# 1.0

print(df['a'])
# 1.0

print(df[[0, 1, 2]])
```
运行结果:
```
    a    1.0
    b    2.0
    c    3.0
    dtype: float64
```

```python
print(df[0:2])
```
运行结果:
```
    a    1.0
    b    2.0
    dtype: float64
```

```python
np.sin(df)
```
运行结果:

```
a    0.841471
b    0.909297
c    0.141120
d   -0.756802
e         NaN
dtype: float64
```

---

df[df > 1]
运行结果:

```
b    2.0
c    3.0
d    4.0
dtype: float64
```

2.2.2 Series 支持字典的特性

如表 4-1-2 所示:

表 4-1-2 Series 支持字典的特性

详解	方法
由字典创建 Series	Series(dic)
in 运算	'a' in sr
键索引	sr['a'], sr[['a', 'b', 'd']]

示例用法:

```
df = pd.Series({'a': 1, 'b': 2})
print(df)
```
运行结果:

```
a    1
b    2
dtype: int64
```

```
print('a' in df)
# True

print(df['a'])
# 1
```

2.2.3 Series 缺失数据处理

如表 4-1-3 所示：

表 4-1-3 Series 缺失数据处理

方法	详解
dropna()	过滤掉值为 NaN 的行
fillna()	填充缺失数据
isnull()	返回布尔数组，缺失值对应为 True
notnull()	返回布尔数组，缺失值对应为 False

示例用法：

```
df = pd.Series([1, 2, 3, 4, np.nan], index = ['a', 'b', 'c', 'd', 'e'])
print(df)
```

运行结果：

```
a    1.0
b    2.0
c    3.0
d    4.0
e    NaN
dtype: float64
```

```
print(df.dropna())
```

运行结果：

```
a    1.0
b    2.0
c    3.0
d    4.0
dtype: float64
```

```
print(df.fillna(5))
```

运行结果：

```
a    1.0
b    2.0
c    3.0
d    4.0
```

```
e    5.0
dtype: float64
```

```
print(df.isnull())
```
运行结果：
```
a    False
b    False
c    False
d    False
e    True
dtype: bool
```

```
print(df.notnull())
```
运行结果：
```
a    True
b    True
c    True
d    True
e    False
dtype: bool
```

3. DataFrame 数据结构

DataFrame 是 pandas 中的表格型数据结构，包含一组有序的列，每列可以是不同类型的数据（数值、字符串、布尔型等）。

DataFrame 是一个表格型的数据类型，每列值数据类型可以不同。DataFrame 既有行索引，又有列索引，常用于表达二维数据，相当于 Excel 表格。

3.1 创建 DataFrame

DataFrame 可以通过同名函数创建，共包含 3 个参数。

引入语法：

```
pd.DataFrame(data,columns=[序列],index=[序列])
```
参数说明：
data：数据参数，可以是一组数据；
columns：列索引（纵向索引），不写时默认为从 0 开始的正整数；
index：行索引（横向索引），不写时默认为从 0 开始的正整数。

DataFrame 可由以下数据类型创建：
- 二维 ndarray 对象、二维列表、二维元组等。
- 一维 ndarray、列表、字典、元组或 Series 构成的字典。

示例用法：

```
#引入 pandas
import pandas as pd
#创建二维列表
data =[['7月31日',18400000,7360000,11040000],
       ['8月31日',23500000,10575000,12925000],
       ['9月30日',24320000,10214400,14105600]]
#创建 DataFrame
df = pd.DataFrame(data,columns = ['时间','资产总额','负债总额','所有者权益总额'],
index = range(1,4)
print(df)
运行结果：
---------------------------------------------
时间         资产总额       负债总额       所有者权益总额
7月31日      18400000    7360000     11040000
8月31日      23500000    10575000    12925000
9月30日      24320000    10214400    14105600
---------------------------------------------

#(1)由 Series 的字典创建 DataFrame
#df = pd.DataFrame(data, [index = index, columns = columns])
d = {
"one": pd.Series([1.0, 2.0, 3.0], index = ["a", "b", "c"]),
"two": pd.Series([1.0, 2.0, 3.0, 4.0], index = ["a", "b", "c", "d"])
}
#没有传递索引和列,则结果的索引为各个 Series 索引的并集,列是字典的键
df = pd.DataFrame(d)
print(df)
运行结果：
---------------------------------------------
    one    two
a   1.0    1.0
b   2.0    2.0
c   3.0    3.0
d   NaN    4.0
---------------------------------------------
```

```python
#指定 index,Series 中匹配标签的数据会被取出,没有匹配的标签的值为 NaN
df = pd.DataFrame(d, index = ["d", "b", "a"])
print(df)
```
运行结果:

```
   one  two
d  NaN  4.0
b  2.0  2.0
a  1.0  1.0
```

```python
#同时指定了索引和列,同样地,如果字典中没有和指定列标签匹配的键,那么结果中该列标签对应的
#列值都为 NaN
df = pd.DataFrame(d, index = ["d", "b", "a"], columns = ["two", "three"])
print(df)
```
运行结果:

```
   two  three
d  4.0  NaN
b  2.0  NaN
a  1.0  NaN
```

```python
#(2)由字典对象创建一个 DataFrame
#这些嵌套字典会先被转换为 Series,再从 Series 的字典创建 DataFrame:
dd = {'one': {'a':1, 'b':2},
'two': {'c':3, 'd':4}}
pa = pd.DataFrame(dd)
print(pa)
#外层字典的键名称为列索引,内层的键名称为行索引,无标签的默认值为 NaN

#(3)由 ndarray 或者列表的字典创建 DataFrame
#ndarray 或列表的长度必须相同。如果指定了索引,那么索引的长度也必须和数组/列表的长度相同。
#如果没有传递索引,那么会自动创建一个整数索引 range(n),n 为数组/列表的长度。
data = {'one': np.array([1.0, 2.0, 3.0, 4.0]), 'two': np.array([4.0, 3.0, 2.0, 1.0])}
pb = pd.DataFrame(data)
print(pb)
```
运行结果:

```
   one  two
0  1.0  4.0
1  2.0  3.0
2  3.0  2.0
3  4.0  1.0
```

```
pc = pd.DataFrame(data, index = ['a', 'b', 'c', 'd'])
print(pc)
```
运行结果:

```
   one  two
a  1.0  4.0
b  2.0  3.0
c  3.0  2.0
d  4.0  1.0
```

```
data = {'one': [1.0, 2.0, 3.0, 4.0], 'two': [4.0, 3.0, 2.0, 1.0]}
pe = pd.DataFrame(data)
print(pe)
```
运行结果:

```
   one  two
0  1.0  4.0
1  2.0  3.0
2  3.0  2.0
3  4.0  1.0
```

```python
#(4)由结构化或者记录数创建数组
#与数组相同:
data = np.array([(1, 2.0, "Hello"), (2, 3.0, "World")], dtype = [("A", "i4"), ("B", "f4"), ("C", "a10")])
pa = pd.DataFrame(data)
print(pa)
```
运行结果:

```
   A  B    C
0  1  2.0  b'Hello'
1  2  3.0  b'World'
```

```python
pb = pd.DataFrame(data, index=["first", "second"])
print(pb)
```
运行结果：

```
        A  B    C
first   1  2.0  b'Hello'
second  2  3.0  b'World'
```

```python
pc = pd.DataFrame(data, columns=["C", "A", "B"])
print(pc)
```
运行结果：

```
   C         A  B
0  b'Hello'  1  2.0
1  b'World'  2  3.0
```

```python
#(5) 由字典列表创建 DataFrame
# 字典的键名默认为列名：
data2 = [{"a": 1, "b": 2}, {"a": 5, "b": 10, "c": 20}]
pa = pd.DataFrame(data2)
print(pa)

pb = pd.DataFrame(data2, index=["first", "second"])
print(pb)

pc = pd.DataFrame(data2, columns=["a", "b"])
print(pc)

#(6) 由元组字典创建 DataFrame
# 可以通过传递元组字典来自动创建有多级索引的 DataFrame：
pa = pd.DataFrame(
    {
```

```
        ('a', 'b'): {('A', 'B'): 1, ('A', 'C'): 2},
        ('a', 'a'): {('A', 'C'): 3, ('A', 'B'): 4},
        ('a', 'c'): {('A', 'B'): 5, ('A', 'C'): 6},
        ('b', 'a'): {('A', 'C'): 7, ('A', 'B'): 8},
        ('b', 'b'): {('A', 'D'): 9, ('A', 'B'): 10}
    }
)
print(pa)
```
运行结果:

```
       a              b
       b    a    c    a    b
A B  1.0  4.0  5.0  8.0  10.0
  C  2.0  3.0  6.0  7.0  NaN
  D  NaN  NaN  NaN  NaN  9.0
```

\#(7) 由一个 Series 创建 DataFrame
\#由一个 Series 创建的 DataFrame 只有一列数据,列的名称是 Series 的原始名称(在没有提供其他列名时),其索引与输入的 Series 相同。
ser = pd.Series(range(3), index = list('abc'), name = 'ser')
print(pd.DataFrame(ser))

\#(8)由命名元组创建 DataFrame
\#列表中第一个 namedtuple 的字段名决定了 DataFrame 的列。之后的命名元组(或元组)就只是简单地将值拆包并填充到 DataFrame 的行。如果这些元组中的任何一个的长度比第一个 namedtuple 短,那么相应行中后面的列将标记为缺失值。但如果有任意一个比第一个 namedtuple 长,那么会抛出 ValueError。
from collections import namedtuple
Point = namedtuple("Point", "x y")
\#列由第一个命名元组 Point(0, 0)的字段决定,后续的元组可以是命名元组,也可以是普通元组
print(pd.DataFrame([Point(0, 0), Point(0, 3), (2, 3)]))
Point3D = namedtuple("Point3D", "x y z")
\#第一个元组决定了生成的 DataFrame 有 3 列(x,y,z),而列表中第三个元组长度为 2
\#所以在 DataFrame 的第三行中,第三列的值为 NaN
print(pd.DataFrame([Point3D(0, 0, 0), Point3D(0, 3, 5), Point(2, 3)]))

\#(9)由数据类列表创建 DataFrame
\#向 DataFrame 的构造函数传递数据类列表等价于传递字典列表,但是要注意的是,列表中的所有值都应该是数据类,在列表中混合类型会导致 TypeError 异常。

```
from dataclasses import make_dataclass
Point = make_dataclass('Point', [('x', int), ('y', int)])
print(pd.DataFrame([Point(0, 0), Point(0, 3), Point(2, 3)]))


#(10)其他创建方法
#除了使用类构造函数创建 DataFrame 对象,DataFrame 类本身也提供了一些类方法用于创建对象
DataFrame.from_dict
#接受一个字典的字典或类数组序列的字典作为参数并返回一个 DataFrame。它的行为类似于
DataFrame 构造函数,不同的是,它有一个 orient 参数,默认值为 columns,也可以设置为 index,从而将
字典的 key 用作行标签。
print(pd.DataFrame.from_dict(dict([('A', [1, 2, 3]), ('B', [4, 5, 6])])))
#传递 index 给 orient 参数,字典 key 会变成行标签
print(pd.DataFrame.from_dict(
dict([('A', [1, 2, 3]), ('B', [4, 5, 6])]),
orient = 'index'
columns = ['one', 'two', 'three']
```

3.2 DataFrame 的基本操作及属性

DataFrame 的基本操作如表 4-1-4 所示：

表 4-1-4 DataFrame 的基本操作

操作方法	描述
df[]	访问 DataFrame 里的值
df[]=	新增或修改值
del df[]	删除值
del df	删除 DataFrame

DataFrame 的属性如表 4-1-5 所示：

表 4-1-5 DataFrame 的属性

属性	详解
dtype	查看数据类型
index	查看行序列或者索引
columns	查看各列的标签
values	查看数据框内的数据,也即不含表头索引的数据
describe	查看数据每一列的极值、均值、中位数,只可用于数值型数据
transpose	转置,也可用 T 来操作
sort_index	排序,可按行或列 index 排序输出
sort_values	按数据值来排序

3.2.1 重命名 rename()

pandas 中 rename() 函数用于重命名任何索引、列或行。

引入语法：

```
DataFrame.rename(mapper = None, index = None, columns = None, axis = None, copy = True, inplace = False, level = None)
```

参数说明：

mapper：映射器。索引和列：字典值，键表示旧名称，值表示新名称。这些参数只能一次使用。
index：修改列名
columns：修改行名
axis：int 或字符串值，"0"表示行，"1"表示列
copy：如果为 True，那么复制基础数据
inplace：如果为 True，那么在原始 DataFrame 中进行更改
level：用于在数据帧具有多个级别索引的情况下指定级别
返回类型：具有新名称的 DataFrame

示例用法：

原内容为：

	入学时间	会计专业	财务管理	物流管理
1	2023 年	1678913	88557	15698
2	2024 年	1749872	99675	19580
3	2025 年	1948991	95205	17482

```
#修改列名及行索引
df.rename(columns = {'会计专业':'大数据与会计专业','财务管理':'大数据与财务管理','物流管理':'现代物流管理'},
index = {1:'x',2:'y',3:'z'}, inplace = True)
show_table(df)
```

运行结果：

	入学时间	大数据与会计专业	大数据与财务管理	现代物流管理
x	2023 年	1678913	88557	15698
y	2024 年	1749872	99675	19580
z	2025 年	1948991	95205	17482

3.2.2 插入 insert()

insert() 函数用于将指定对象插入列表的指定位置。

引入语法：

```
DataFrame.insert(loc, column, value, allow_duplicates = False)
```

参数说明：

loc：必要字段，int 类型数据，表示插入新列的列位置，原来在该位置的列将向右移。
column：必要字段，插入新列的列名。
value：必要字段，新列插入的值。如果仅提供一个值，那么将为所有行设置相同的值。可以是 int，str，float 等，甚至可以是 Series 值列表。
allow_duplicates：布尔值，用于检查是否存在具有相同名称的列。默认为 False，不允许与已有的列名重复。

示例用法：

```
#插入一列
df.insert(0,'序号',range(1, 4))
show_table(df)
```
运行结果：

	序号	入学时间	大数据与会计专业	大数据与财务管理	现代物流管理
x	1	2023 年	1678913	88557	15698
y	2	2024 年	1749872	99675	19580
z	3	2025 年	1948991	95205	17482

```
#若在末尾追加一列
df['序号2'] = range(1,4)
show_table(df)
```
运行结果：

	序号	入学时间	大数据与会计专业	大数据与财务管理	现代物流管理	序号2
x	1	2023 年	1678913	88557	15698	1
y	2	2024 年	1749872	99675	19580	2
z	3	2025 年	1948991	95205	17482	3

3.2.3 获取前部 head()

head()函数用于获取列表中前 n 个元素，n 是用户自己指定的个数。可以在没有导入任何模块的情况下直接使用。

引入语法：

```
DataFrame.head(n = 5)    #返回 DataFrame 前 n 行
```

示例用法：

```
#查看前2行
show_table(df.head(2))
```
运行结果：

	序号	入学时间	大数据与会计专业	大数据与财务管理	现代物流管理	序号2
x	1	2023 年	1678913	88557	15698	1
y	2	2024 年	1749872	99675	19580	2

3.2.4 获取末端 tail()

tail()函数的作用是读取文件的最后几行，在处理大型日志文件时，可以快速找到最新的记录。

引入语法：

DataFrame.tail(n = 5)　#返回DataFrame后n行

示例用法：

```
#查看后1行
show_table(df.tail(1))
```

运行结果：

---

z　　3　　2025年　　1948991　　95205　　17482　　3

任务二　pandas 文件操作

采用 Excel 文件存储数据是比较常见的存储数据的方式，Excel 文件里面的数据均是以二维表格的形式显示的，可以对数据进行统计、分析等操作。Excel 的文件扩展名有.xls 和.xlsx 两种。

pandas 中提供了对 Excel 文件进行读写操作的方法，分别为采用 read_excel()和 to_excel()函数。

1. 读取文件 read( )

Python 文件对象提供了三个"读"方法：read()、readline() 和 readlines()。每种方法可以接受一个变量以限制每次读取的数据量。

read() 每次读取整个文件，它通常用于将文件内容放到一个字符串变量中。如果文件大于可用内存，那么为了保险起见，可以反复调用 read(size)方法，每次最多读取 size 个字节的内容。默认是 read 的模式读取文件，以编码 utf8 格式为例打开文件。如果不设置编码格式，那么会出错，read()函数默认读取全部文件内容。

如果多次调用 read 函数，那么后面的 read 会在前面的 read 函数基础上进行读取。Excel 表中数据如表 4-2-1 所示：

表 4-2-1　学生信息表

学号	姓名	性别	年龄	手机号	身高	体重
20230101	丁聪华	男	18	18994130172	183	66
20230102	夏潇琦	女	21	15058507081	169	52
20230103	曾帛员	男	22	15863899290	177	60
20230104	韩松	男	19	13261463461	180	75
20230105	孙蝶妃	女	20	13962334251	165	48

示例用法：

```python
# 引入 pandas
import pandas as pd
# 读取文件学生信息.xlsx  Excel 中用到的是 read_excel()
df = pd.read_excel(r"学生信息.xlsx", sheet_name = 0)
# 输出内容
print(df)
```
运行结果:

	学号	姓名	性别	年龄	手机号	身高	体重
0	20230101	丁聪华	男	18	18994130172	183	66
1	20230102	夏潇琦	女	21	15058507081	169	52
2	20230103	曾帛员	男	22	15863899290	177	60
3	20230104	韩松	男	19	13261463461	180	75
4	20230105	孙蝶妃	女	20	13962334251	165	48

```python
# 引入 pandas
import pandas as pd
# 读取文件学生信息.xlsx,把学号列作为行索引号,并将体重转换为浮点类型
df6 = pd.read_excel(r"学生信息.xlsx", sheet_name = 0, index_col = 0, converters = {"体重": float})
# 输出内容
print(df6.head())
```
运行结果:

学号	姓名	性别	年龄	手机号	身高	体重
20230101	丁聪华	男	18	18994130172	183	66.0
20230102	夏潇琦	女	21	15058507081	169	52.0
20230103	曾帛员	男	22	15863899290	177	60.0
20230104	韩松	男	19	13261463461	180	75.0
20230105	孙蝶妃	女	20	13962334251	165	48.0

2. 写入 Excel to_excel( )

pandas 作为 Python 数据分析的一个常用包,经常会与 Excel 交互。除了读取 Excel 文件,还可以使用 Python 将数据写入 Excel 文件,所用到的函数为 to_excel()。

引入语法:

```
to_excel(excel_writer, sheet_name = 'Sheet', na_rep = '',
        float_format + None, columns = None, header = True, index = True,
        index_label = None, startrow = 0, startcol = 0, engine = None,
```

merge_cells = True, encoding = None, inf_rep = 'inf',

verbose = True, freeze_panes = None)

参数说明：

excel_writer：表示读取的文件路径。

sheet_name：表示工作表的名称，可以接收字符串，默认为"Sheet1"。

na_rep：表示缺失数据。

index：表示是否写行索引，默认为 True。

示例用法：

```
# 引入 pandas
import pandas as pd
# 读取文件：学生信息.xlsx
df6 = pd.read_excel(r"学生信息.xlsx", sheet_name = 0, converters = {"体重":float})
# 将读取的 Excel 写入新的文件(学生信息_2.xlsx)，并且不显示索引
df6.to_excel(r"学生信息_2.xlsx", sheet_name = "备份", index = False)
# 查看写入备份文件的内容
df7 = pd.read_excel(r"学生信息_2.xlsx", sheet_name = 0)
print(df7.head())
```

运行结果：

学号	姓名	性别	年龄	手机号	身高	体重
20230101	丁聪华	男	18	18994130172	183	66.0
20230102	夏潇琦	女	21	15058507081	169	52.0
20230103	曾帛员	男	22	15863899290	177	60.0
20230104	韩松	男	19	13261463461	180	75.0
20230105	孙蝶妃	女	20	13962334251	165	48.0

第五章　数据分析

> **章节导读**

　　数据分析是指用恰当的统计分析方法对收集来的大量数据进行分析,然后加以处理和加工,以开发数据的功能、挖掘数据的价值,主要目的是清洗出有用的信息并形成结论。通常是针对某个问题,将获取的数据用分析手段加以处理,并发现业务价值的过程。

任务一　数据筛选

　　在数据处理和分析过程中,数据筛选是一项至关重要的任务,它从整个数据集中抽取出符合特定条件或标准的子集,以便更深入地进行分析、可视化或其他操作。数据筛选的目的是提高之前收集存储的相关数据的可用性,以利于后期数据分析。pandas 是 Python 中一个非常强大的数据处理库,它可以用来处理各种类型的数据,包括 CSV、Excel、SQL 等。在 pandas 中,可以使用多种方法筛选数据,本任务主要介绍 pandas 中常用的数据筛选方法。

　　任务一主要涵盖直接筛选、条件筛选和索引器筛选三个方面,这些方法可以根据不同的需求选择、过滤和提取数据。

　　下面以预设的数据为例,讲解数据筛选方法。预设一个包含个人信息的数据集,其中包括姓名、年龄、性别、职业和收入等字段。对于这个数据集,根据不同需求进行筛选,可以更有针对性地分析和研究数据,得出关于不同子群体的结论。预设数据如图 5-1-1 所示:

	姓名	年龄	性别	职业	收入
0	张三	22	男	工程师	5000
1	李四	28	男	教师	6000
2	王五	25	女	医生	8000
3	赵六	30	女	工程师	5500

图 5-1-1　数据筛选任务预设数据示例

示例数据预设方法如下：

```
import pandas as pd
import NumPy as np
# 创建示例数据
data = {
    '姓名': ['张三', '李四', '王五', '赵六'],
    '年龄': [22, 28, 25, 30],
    '性别': ['男', '男', '女', '女'],
    '职业': ['工程师', '教师', '医生', '工程师'],
    '收入': [5000, 6000, 8000, 5500]
}
df = pd.DataFrame(data)
```

1. 直接筛选

直接筛选是一种常用的数据筛选方法，用于选取特定的行和列数据。直接筛选便于对数据进行快速查看，可用于简单的数据分析。

1.1 选取单列数据

利用 Python 的 pandas 库进行数据选取时，使用 pandas 库中的 DataFrame 对象进行数据的操作，可以使用 DataFrame 的列名的方式选取数据表中的某一列。

1.1.1 使用方括号[ ]和列名选择单列数据

其语法规则如下：

数据表名['列名']

动手实操

选取列名为"职业"的数据。

```
df['职业']
```

运行结果

```
0    工程师
1    教师
2    医生
3    工程师
```

1.1.2 使用点号"."和"列名"选择单列数据

这种方法仅限于列名没有空格或特殊字符的情况。

其语法规则如下：

数据表名.列名

动手实操

选取列名为"职业"的数据。

```
df.职业
```

运行结果

0   工程师
1   教师
2   医生
3   工程师

1.2 选取多列数据

在进行数据选取时,有时需要选取数据表中的多列。使用方括号[]和列名列表的方式选取指定的多列,多个列名之间用英文格式的逗号隔开。其语法规则如下:

数据表名[['列名1','列名2']]
数据表名[['列名1','列名2','列名3','...']]

动手实操

选取"姓名""性别""收入"三列数据。

df[['姓名','性别','收入']]

运行结果

	姓名	性别	收入
0	张三	男	5000
1	李四	男	6000
2	王五	女	8000
3	赵六	女	5500

1.3 选取连续行数据

在进行数据选取时,有时需要选取数据表中的连续若干行。使用切片操作选取指定的连续行,需在两个行索引之间用英文格式的冒号隔开,同时注意切片操作遵循"左闭右开"的原则,即选取数据时包含起始行数据,但不包含结束行数据。其语法规则如下:

数据表名[起始行索引:结束行索引]

动手实操

选取行索引1～3的数据。

df[1:4]

运行结果

	姓名	年龄	性别	职业	收入
1	李四	28	男	教师	6000
2	王五	25	女	医生	8000
3	赵六	30	女	工程师	5500

2. 条件筛选

条件筛选是指使用布尔表达式进行筛选。条件筛选允许使用复杂的条件表达式,以同时考虑多个列的条件,这样提高了筛选的灵活性和复杂性,可以对数据进行更精确的选择。条件筛选适用于复杂的数据分析场景。

2.1 选取某列满足一定条件的数据

当需要筛选满足特定条件的某一列时,可以使用布尔索引进行筛选,Python 支持直接在括号中写入条件,但条件为字符串时,需要添加引号。其语法规则如下:

数据表名[数据表名['列名']条件]

动手实操

选取年龄大于等于 25 的数据。

df[df['年龄']>=25]

运行结果

	姓名	年龄	性别	职业	收入
1	李四	28	男	教师	6000
2	王五	25	女	医生	8000
3	赵六	30	女	工程师	5500

2.2 选取多列满足一定条件的数据

布尔索引方法还可用于筛选满足多个条件的数据,当条件多于一个时,需用"&"(并且)、"|"(或者)连接多个条件,每个条件代码块都需用圆括号标识。其语法规则如下:

数据表名[(数据表名['列名1'] == 条件1) & (数据表名['列名 2'] <= 条件2)&...]

动手实操

选取年龄大于等于 25 且性别为"女"的数据。

df[(df['年龄']>= 25) & (df['性别'] == '女')]

运行结果

	姓名	年龄	性别	职业	收入
2	王五	25	女	医生	8000
3	赵六	30	女	工程师	5500

3. 索引器筛选

索引器筛选通过指定行的标签或位置,实现对数据的精准筛选。loc 和 iloc 是 pandas 提供的高级索引器,在需要基于行列的特定标签或位置选取数据时使用,可实现按行和列的索引号或名字进行筛选。loc 和 iloc 允许进行复杂的数据选取操作,包括选择特定行和列、基于条件的选择以及切片操作。loc 适用于基于标签的自定义索引或条件筛选,而 iloc 适用于基于位置的选择,是基于整数位置的原始索引。

基于整数位置的原始索引,即不设置行标签或者列标签,取默认从 0 开始的序列号。示例如图 5-1-2 所示。

基于标签的自定义索引,即设置行标签或者列标签,索引时使用标签名。示例如图 5-1-3 所示。

	0	1	2	3	4
0	张三	22	男	工程师	5000
1	李四	28	男	教师	6000
2	王五	25	女	医生	8000
3	赵六	30	女	工程师	5500

图 5-1-2 基于整数位置的原始索引示例

	姓名	年龄	性别	职业	收入
0	张三	22	男	工程师	5000
1	李四	28	男	教师	6000
2	王五	25	女	医生	8000
3	赵六	30	女	工程师	5500

图 5-1-3 基于标签的自定义索引示例

3.1 loc 索引器

loc 索引器是基于标签的索引器，其根据行标签和列标签进行数据筛选，可以使用行标签和列标签的具体名称或切片选择特定的行数据和列数据，支持使用布尔条件筛选数据。

3.1.1 选取一行数据

选取一行数据的语法规则如下：

```
df.loc[row_label]
```

当行标签为字符串时，需添加引号。

动手实操

选取行标签为1的数据。

```
df.loc[1]
```

运行结果

```
姓名    李四
年龄    28
性别    男
职业    教师
收入    6000
```

3.1.2 选取特定数据

选取特定的一列数据的语法规则如下：

```
df.loc[:,'column_labels']
```

使用 loc 索引器时，逗号前后两部分分别代表行和列的选择。选取特定的一列数据时，因为只关注列的选取，所以行的部分是"："(代表所有行)，'column_labels'是要选取的列的名称，当列标签为字符串时，需添加引号。

动手实操

选取列名为职业的数据。

`df.loc[:,'职业']`

运行结果

```
0    工程师
1    教师
2    医生
3    工程师
```

3.1.3 选取行、列组合数据

选取行、列组合数据的语法规则如下：

`数据表名.loc[行标签范围,列标签范围]`

动手实操

选取行索引 1~3 且列名是"姓名""收入"的数据。

`df.loc[1:4,['姓名','收入']]`

运行结果

	姓名	收入
1	李四	6000
2	王五	8000
3	赵六	5500

3.1.4 通过列名选取满足单个条件的行

通过列名选取满足单个条件的行的语法规则如下：

`df.loc[df['列名']条件表达式,:]`

动手实操 1

选取年龄大于等于 25 的所有数据。

`df[df['年龄']>=25]`

运行结果

	姓名	年龄	性别	职业	收入
1	李四	28	男	教师	6000
3	赵六	30	女	工程师	5500

动手实操 2

选取年龄大于等于 25 的"职业"列的数据。

`df[df['年龄']>=25,'职业']`

运行结果

```
1    教师
3    工程师
```

3.1.5 通过列名选取满足多个条件的行

通过列名选取满足多个条件的行的语法规则如下,筛选条件为"且"时使用"&"符号,筛选条件为"或"时使用"|"符号。需要注意的是:"&"和"|"符号前后用英文括号标记筛选条件。

```
df.loc[(df['列名1']条件表达式1)&(df['列名2']条件表达式2),:]
```

动手实操 1

选取性别为女且收入大于等于 5500 的所有数据。

```
df.loc[(df['性别']=='女')&(df['收入']>=5500),:]
```

运行结果

	姓名	年龄	性别	职业	收入
2	王五	25	女	医生	8000
3	赵六	30	女	工程师	5500

动手实操 2

选取满足性别为女且收入大于等于 5500 的条件,列名为"年龄"的数据。

```
df.loc[(df['性别']=='女')&(df['收入']>=5500),'年龄']
```

运行结果

```
2    25
3    30
```

3.1.6 选取连续的行列

选取连续的行列的语法规则如下:

```
df.loc[start_row_label:end_row_label, start_column_label:end_column_label]
```

当使用 loc 时,包括 end_row_label 和 end_column_label 在内的行和列都将被选取。这与 Python 的标准切片操作不同,后者不包含结束索引。同时注意使用的行标签和列标签与 DataFrame 中的相匹配,包括大小写。如果行标签或列标签是数字类型,那么应使用相应的数字标签而非位置索引。如果需要基于位置索引选取数据,那么应使用 iloc 索引器。

动手实操

选取第 2 行到第 3 行,列从"职业"到"收入"的数据。

```
df.loc[2:3,'职业':'收入']
```

运行结果

	职业	收入
2	医生	8000
3	工程师	5500

3.2 iloc 索引器

iloc 索引器是基于位置的索引器,即通过行和列的位置(即索引)而非标签或名称进行数据筛选。其语法规则为选取某行某列的值。值得注意的是:iloc 的索引是从 0 开始的,所以第一行和第一列的索引是 0;与 Python 的切片一样,iloc 的范围切片不包括结束索引,例如,df.iloc[0:2]会选取第一行和第二行,但不包括第三行;确保不要超出

DataFrame 的索引范围,这会导致 IndexError。语法规则如下:

数据表名.iloc[行索引范围,列索引范围]

动手实操

选取第 0 行到第 2 行中第 1 列到第 2 列的数据。

df.iloc[0:3,1:3]

运行结果

	年龄	性别
0	22	男
1	28	男
2	25	女

任务二 数据清洗

数据清洗是数据处理的重要组成部分。从网络上获取的数据常常存在诸多问题,如数据缺失、数据重复、数据异常等。如果直接对数据进行分析应用,那么得到的结果会偏离实际。因此,需要在数据分析之前进行数据清洗。

Python 的设计很适合数据清洗,它可以创建与函数处理相同的规律,减少重复性工作。根据目前所学的代码知识,学会用脚本和代码处理重复性的问题,可以节省数小时的劳动,即只运行一次脚本就可以完成。下面将学习如何用 Python 清洗数据,寻找数据集中的重复数据和错误。

数据清洗是对数据进行重新检查的过程,该过程把不符合条件的数据修改过来或摘选出来,转化为符合要求的标准数据,提高数据质量。

数据清洗主要内容如下:

缺失值:删除、填充;

重复值:删除;

异常值:修改、删除、转换。

1. 缺失值处理

缺失值是指数据集中某些变量的某些条目缺少值。这些条目可以是空值、NaN(不是数字)或其他标记。缺失值可能是数据输入错误、数据丢失或其他原因导致的。在分析数据集时,缺失值可能会影响结果,因此需要对其进行处理。

1.1 识别缺失值 isnull()、notnull()

在 pandas 中,缺失数据用两个值表示:None(None 通常用于 Python 代码中的缺失数据)和 NaN(Not a Number 的首字母缩写词)。

可以使用 isnull() 或 notnull() 函数识别缺失值。

- isnull()函数语法如下：

pandas.isnull(obj)

其中，obj 表示要判断的数据对象，可以是一个 Series、DataFrame 或者单个数据。isnull()函数将返回一个布尔值 Series 或 DataFrame，对应位置为 True 表示为空值，False 表示不为空值。

示例用法：

```
import pandas as pd

# 判断单个数据是否为空值
print(pd.isnull(None))   # 输出 True

# 判断 Series 中的每个数据是否为空值
s = pd.Series([1, 2, None, 4])
print(pd.isnull(s))
# 输出
# 0    False
# 1    False
# 2    True
# 3    False
# dtype: bool 数据类型为布尔值

# 判断 DataFrame 中的每个数据是否为空值
df = pd.DataFrame({'A': [1, None, 3], 'B': [None, 5, 6]})
print(pd.isnull(df))
# 输出
#        A      B
# 0   False   True
# 1   True    False
# 2   False   False
```

- notnull()函数语法如下：

pandas.notnull(obj)

notnull()函数将返回一个布尔值 Series 或 DataFrame，对应位置为 True 表示非空值，False 表示为空值。

示例用法：

```
import pandas as pd

# 判断单个数据是否为空值
print(pd.notnull(None))   # 输出 False
```

```python
# 判断 Series 中的每个数据是否为空值
s = pd.Series([1, 2, None, 4])
print(pd.notnull(s))
# 输出
# 0    True
# 1    True
# 2    False
# 3    True
# dtype: bool 数据类型为布尔值

# 判断 DataFrame 中的每个数据是否为空值
df = pd.DataFrame({'A': [1, None, 3], 'B': [None, 5, 6]})
print(pd.notnull(df))
# 输出
#        A      B
# 0   True  False
# 1  False   True
# 2   True   True
```

从输出结果可以看出,isnull()、notnull()函数返回的结果是一个与原数据类型相同的布尔值 Series 或 DataFrame,用于表示对应位置的数据是否为空值。

1.2 常见缺失值处理

1.2.1 删除缺失值 drop()

在处理缺失值时,有许多方法可供选择。删除缺失值是处理缺失值的最简单方法之一。可以使用 drop() 函数从数据框中删除包含缺失值的行或列,其常用的参数为 axis、how,即(axis,how)。

drop()函数语法如下:

```
df.drop(labels = None, axis = 0
       , index = None
       , columns = None
       , inplace = False)
```

参数说明:
labels:要删除的行列的名字,接收列表参数,列表内有多个参数时表示删除多行或者多列。
axis:要删除的轴,与 labels 参数配合使用。默认为 0,指删除行;axis = 1,指删除列。
index:直接指定要删除的行。
columns:直接指定要删除的列。
inplace:是否直接在原数据上进行删除操作,默认为 False,删除操作不改变原数据,而是返回一个执行删除操作后的新 DataFrame;inplace = True,直接在原数据上修改。

示例用法：

```
#构建一个数据表---删除行
df = pd.DataFrame(np.arange(16).reshape(4, 4),
            columns = ['A', 'B', 'C', 'D'])
```
数据表构建如下：

```
    A    B    C    D
0   0    1    2    3
1   4    5    6    7
2   8    9   10   11
3  12   13   14   15
```

```
#方法一:使用 index 参数,[]内是索引名,不是序号,要注意
df.drop(index = [0,1], inplace = False)

#方法二:使用 labels 和 axis 参数
df.drop(labels = [0,1], axis = 0, inplace = False)

#两者效果一样
```
运行结果：

```
    A    B    C    D
2   8    9   10   11
3  12   13   14   15
```

```
#删除列
#方法一:使用 index 参数,[]内是索引名,不是序号,要注意
df.drop(index = [0,1], inplace = False)

#方法二:使用 labels 和 axis 参数
df.drop(labels = [0,1], axis = 1, inplace = False)
```
运行结果：

```
    C    D
0   2    3
1   6    7
2  10   11
3  14   15
```
----

drop()与 dropna()的区别如下：

drop()函数：用来删除数据表格中的列数据或行数据；

dropna()函数：用来删除数据表格中的空值数据。其常用方法见表5-2-1。

表 5-2-1 dropna( )函数常用方法

删除条件	行	列
含有 NaN	DataFrame.dropna()	DataFrame.dropna(axis=1)
全为 NaN	DataFrame.dropna()	DataFrame.dropna(axis=1)
不足 n 个非空值	DataFrame.dropna(how='all')	DataFrame.dropna(axis=1,how='all')
特定列为 NaN 的行	DataFrame.dropna(thresh=n)	DataFrame.dropna(axis=1,thresh=n)

1.2.2 删除指定列 del()

del()函数与 drop()函数相比就没有那么灵活了,此操作会对原数据 df 进行删除,且一次只能删除一列。

注意 del()只能删除对象的引用,而不能删除对象本身。当一个对象没有任何引用指向时,Python 具有垃圾回收机制,会自动回收该对象的内存空间。

del()函数语法如下:

```
del df['列名']
```

示例用法:

```
#(1)使用 del 语句删除单独元素
l = [1,3,4,4,4,5]
del l[0]
print(l)
```

运行结果:

```
[3, 4, 4, 4, 5]
```

```
#(2)使用 del 删除指定范围内的值
l = [1,3,4,4,4,5]
del l[0:3]
print(l)
```

运行结果:

```
[4,4,5]
```

```
#(3)使用 del 删除整个数据对象(列表、集合等)
l = [1,3,4,4,4,5]
del l    #删除后,找不到对象
l
```

运行结果:

```
NameError: name 'l' is not defined
```

del、remove、pop 对比如下:

del 是语句,而 remove()、pop()是方法;

del 语句可用于列表、字典,不适用于元组、集合;

remove()、pop()仅适用于列表,元组、集合和字典都不适用。

1.2.3 固定填充缺失值 fillna()

替换缺失值是处理缺失值的另一种常见方法。可以使用 fillna() 函数将缺失值替换为其他值。

fillna()函数语法如下：

```
df.fillna(value=None, method=None, axis=None, inplace=False, limit=None, downcast=None)
```

参数说明：
value：用于填充缺失值的标量值、字典、Series 或 DataFrame。
axis：axis=1，按行填充；axis=0，按列填充。默认为 0，即按列填充。
method：填充方式，如果不用这个参数，不声明即可。
limit：限制填充的空值的个数，比如某一列有两个空值，指定只填充一个空值，另一个空值就忽略。
inplace：默认为 False。inplace=True，代表在原数据上进行处理，替换原始数据。

示例用法：

```python
#构建数据表
import pandas as pd
df = pd.DataFrame([[np.nan, 2, np.nan, 0],
                   [3, 4, np.nan, 1],
                   [np.nan, np.nan, np.nan, 5],
                   [np.nan, 3, np.nan, 4]],
                  columns=list('ABCD'))
```

数据表构建如下：

```
     A    B    C    D
0  NaN  2.0  NaN  0
1  3.0  4.0  NaN  1
2  NaN  NaN  NaN  5
3  NaN  3.0  NaN  4
```

```python
#方法一：全部填写为同一特定值
df.fillna(value=10
         ,method=None
         ,axis=None
         ,inplace=False)
```

运行结果：

```
      A     B     C    D
0  10.0   2.0  10.0   0
1   3.0   4.0  10.0   1
2  10.0  10.0  10.0   5
3  10.0   3.0  10.0   4
```

#方法二:按列填写不同特定值
```
values = {'A':11,'B':22,'C':33,'D':44}
df.fillna (value = values
          ,method = None
          ,axis = None
          ,inplace = False)
```
运行结果:

	A	B	C	D
0	11.0	2.0	33.0	0
1	3.0	4.0	33.0	1
2	11.0	22.0	33.0	5
3	11.0	3.0	33.0	4

#方法三:用前一个非空缺值填充 -- 'ffill'填充
```
df.fillna (method = 'ffill'
          ,axis = None
          ,inplace = False)
```
运行结果:

	A	B	C	D
0	NaN	2.00	NaN	0
1	3.00	4.00	NaN	1
2	3.00	4.00	NaN	5
3	3.00	3.00	NaN	4

#方法四:用后一个非空缺值填充 -- 'bfill'填充
```
df.fillna (method = 'bfill'
          ,axis = 'index'
          ,inplace = False)
```
运行结果:

	A	B	C	D
0	3.00	2.00	NaN	0
1	3.00	4.00	NaN	1
2	NaN	3.00	NaN	5
3	NaN	3.00	NaN	4

2. 重复值处理

在数据处理过程中,最常见的处理就是重复值处理。毕竟后续还有数据的排序、合并、统计等操作,如果不先进行重复值的数据处理,那么最终的结果往往是有偏差的。

针对重复值的处理有两种方式:
- 查找重复值
- 删除重复值

2.1 查找重复值 df.duplicated()

pandas 中对于重复值,首先需要查看这些重复值是什么样的形式,然后确定删除的范围,而查询重复值需要用到 duplicated 函数,用以判断序列元素是否重复。

duplicated()函数语法如下:

```
DataFrame.duplicated(subset = None, keep = 'first')
# duplicated 的返回值是布尔值,返回 True 和 False
参数说明:
subset:列标签,可选,默认使用所有列,只考虑某些列来识别重复项传入列标签或者列标签的序列
keep:{'first','last',False},默认'first'
first:删除第一次出现的重复项,其他都标记为 True。
last:删除重复项,除了最后一次出现的项,其他都标记为 True。
false:删除所有重复项,所有重复值都标记为 Ture。
```

示例用法:

```
import pandas as pd
import NumPy as np

data = {
    'user': ['zszxz','zszxz','rose'],
    'price': [100, 200, -300],
    'hobby': ['reading','reading','hiking']
}
frame = pd.DataFrame(data)
```

运行结果:

```
       user     price    hobby
0      zszxz    100      reading
1      zszxz    200      reading
2      rose    -300      hiking
```

```
frame.duplicated()
```

运行结果:

```
----------
0    False
1    False
2    False
dtype: bool
----------
```

2.2 筛选重复值 df[df.duplicated()]

如果要想输出这些重复值,那么还需要和查询的方法配合使用 df[df.duplicated()]。

示例用法:

```
#(1)按 user 变量筛选重复值
frame[frame.duplicated(subset = ['user'])]
```

运行结果:

```
------------------
  user price hobby
1 zszxz 200 reading    #筛选出'zszxz'重复数据
------------------
```

上面按 user 一个变量进行查重,但没有设置 keep 参数,所以默认筛选出除了第一个以外的其他重复值。

```
#(2)按 user 变量筛选重复值,保留全部重复值
  frame[frame.duplicated(subset = ['user'],keep = False)]
------------------
  user price hobby
0 zszxz 100 reading
1 zszxz 200 reading
------------------
```

上面按 user 一个变量进行查重,并设置 keep 参数为 False,所以保留了全部的重复值。

```
#(3)按 user 和 hobby 变量筛选重复值,筛选出除最后一个重复值以外的其他重复值
frame[frame.duplicated(subset = ['user','hobby'], keep = 'last')]
------------------
  user price hobby
0 zszxz 100 reading
------------------
```

上面按 user 和 hobby 两个变量进行查重,并设置 keep 参数为 last,所以筛选出了除最后一个重复值以外的其他重复值。通过两个参数的设置就可以查看想要的重复值,以此判断要删除的数据和要保留的数据。

2.3 删除重复值 df.drop_duplicates( )

当确定好需要删除的重复值后,就可以进行删除的操作。删除重复值会用到 drop_duplicates 函数。

drop_duplicates()函数语法如下:

```
drop_duplicates(subset = None, keep = 'first', inplace = False, ignore_index = False) # 返回删掉重复行的 Dataframe
```

和 duplicated()函数参数类似,drop_duplicates 主要有 3 个参数:

subset:同 duplicated(),设置去重的字段
keep:这里稍有不同,duplicated()中是将除设置值以外的重复值都返回 True,而这里是保留的意思。同样可以设置 first、last、False
　　first:保留第一次出现的重复行,删除其他重复行
　　last:保留最后一次出现的重复行,删除其他重复行
　　False:删除所有重复行
inplace:布尔值,默认为 False,表示删除重复项后返回一个副本,若为 Fure,则表示直接在原数据上删除重复项。

示例用法:

```
#(1)全部去重——按全部字段删除,在原数据 frame 上生效
frame.drop_duplicates(inplace = True)
print(frame)
```

运行结果:

```
    user    price   hobby
0   zszxz   100     reading
1   zszxz   200     reading
2   rose    -300    hiking
```

因为上面的数据中没有全部重复的,所以没有可删除行。

```
#(2)指定列去重——按 user 字段删除,在原数据 frame 上生效
frame.drop_duplicates(subset = ['user'], inplace = True)
print(frame)
```

运行结果:

```
    user    price   hobby
0   zszxz   100     reading
2   rose    -300    hiking
```

上面按 user 字段删除重复行,保留第一个重复行,因此第二行被删除了。但这里需要注意,执行删除重复行操作后,表的索引也会被删除掉。如需要重置可以加上 reset _index(),设置 drop=True,用索引替代被打乱的索引。

```
frame.drop_duplicates(subset = ['user'],inplace = True)
frame.reset_index(drop = True)
运行结果:
- - - - - - - - - - - - - - - - - - - - - - - -
0    zszxz    100    reading
1    rose    -300    hiking
- - - - - - - - - - - - - - - - - - - - - - - -
```

keep 默认为 first,下面手动设置为 last,只保留最后一个重复行。

```
♯按全部字段删除,在原数据 frame 上生效
frame.drop_duplicates(subset = ['user','hobby'],keep = 'last',inplace = True)
print(frame)
运行结果:
- - - - - - - - - - - - - - - - - - - - - - - -
     user    price    hobby
1    zszxz    200    reading
2    rose    -300    hiking
- - - - - - - - - - - - - - - - - - - - - - - -
```

将 keep 手动设置为 False,表示全部删除,该操作一般很少用。

```
♯按全部字段删除,在原数据 frame 上生效
frame.drop_duplicates(subset = ['user','hobby'],keep = False,inplace = True)
print(frame)
运行结果:
- - - - - - - - - - - - - - - - - - - - - - - -
     user    price    hobby
2    rose    -300    hiking
- - - - - - - - - - - - - - - - - - - - - - - -
```

注意:在删除重复值时,要注意删除的逻辑。在数据清洗时需要将离线的清洗操作在线上复现。如果随机地删除重复行,没有明确的逻辑,那么无法保证清洗后的数据的一致性。所以在删除重复行前,可以把需要删除的判断字段进行排序处理。

3. 替换数据

在处理数据的时候,很多时候会遇到批量替换的情况,如果逐个去修改则效率过低,也容易出错。replace()是很好的批量替换的方法,既可以替换某列,又可以替换某行,还可以全表替换,可用 df.replace() 或者 df[col]replace()函数。

replace()函数语法如下:

```
df.replace(to_replace = None, value = None, inplace = False, limit = None, regex = False, method = 'pad')
参数说明:
```

to_replace:被替换的值

value:替换后的值

inplace:是否要改变原数据,False 是不改变,True 是改变,默认是 False

limit:控制填充次数

regex:是否使用正则,False 是不使用,True 是使用,默认是 False

method:填充方式,pad、ffill、bfill 分别是向前、向前、向后填充

示例用法:

```
#(1)导入文件 将日期列设置为 index
import pandas as pd
df = pd.read_excel("天气.xlsx")         #利用 read()函数导入文件
df.set_index("日期", inplace = True)
print(df)
```

运行结果:

日期	高温	低温	风向	强度
2023-1-1	-7℃	-17℃	西南风	1级
2023-1-2	-3℃	-16℃	东南风	1级
2023-1-3	2℃	-10℃	西南风	1级
2023-1-4	-2℃	-15℃	西南风	1级
2023-1-5	-5℃	-15℃	东北风	1级
2023-1-6	-5℃	-16℃	西南风	1级
2023-1-7	-2℃	-16℃	西南风	1级
2023-1-8	-5℃	-15℃	东北风	2级
2023-1-9	0℃	-7℃	东南风	2级
2023-1-10	4℃	-10℃	东南风	1级

```
#(2)利用 replace 将文档中所有的"-16℃"替换成"超级冷"
# df.replace("-16℃","超级冷")              #无须改变文档的原数据
df.replace("-16℃","超级冷",inplace = True)  #如果要替换原数据
```

运行结果:

日期	高温	低温	风向	强度
2023-1-1	-7℃	-17℃	西南风	1级
2023-1-2	-3℃	超级冷	东南风	1级
2023-1-3	2℃	-10℃	西南风	1级
2023-1-4	-2℃	-15℃	西南风	1级
2023-1-5	-5℃	-15℃	东北风	1级
2023-1-6	-5℃	超级冷	西南风	1级
2023-1-7	-2℃	超级冷	西南风	1级
2023-1-8	-5℃	-15℃	东北风	2级
2023-1-9	0℃	-7℃	东南风	2级
2023-1-10	4℃	-10℃	东南风	1级

#(3)仅将"高温"列的"0℃"替换成"没温度"
df["高温"].replace("0℃","没温度",inplace = True)   #运用切片工具 loc
运行结果：

日期	高温	低温	风向	强度
2023-1-1	-7℃	-17℃	西南风	1级
2023-1-2	-3℃	超级冷	东南风	1级
2023-1-3	2℃	-10℃	西南风	1级
2023-1-4	-2℃	-15℃	西南风	1级
2023-1-5	-5℃	-15℃	东北风	1级
2023-1-6	-5℃	超级冷	西南风	1级
2023-1-7	-2℃	超级冷	西南风	1级
2023-1-8	-5℃	-15℃	东北风	2级
2023-1-9	没温度	-7℃	东南风	2级
2023-1-10	4℃	-10℃	东南风	1级

#(4)将["2023-1-1"]行的"西南风"替换成"大风吹"
df.loc["2023-1-1"].replace("西南风","大风吹", inplace = True)
运行结果：

日期	高温	低温	风向	强度
2023-1-1	-7℃	-17℃	大风吹	1级
2023-1-2	-3℃	超级冷	东南风	1级
2023-1-3	2℃	-10℃	西南风	1级
2023-1-4	-2℃	-15℃	西南风	1级
2023-1-5	-5℃	-15℃	东北风	1级
2023-1-6	-5℃	超级冷	西南风	1级
2023-1-7	-2℃	超级冷	西南风	1级
2023-1-8	-5℃	-15℃	东北风	2级
2023-1-9	没温度	-7℃	东南风	2级
2023-1-10	4℃	-10℃	东南风	1级

#(5)用列表的形式替换多个数值
    df.replace(["西南风","东南风"],["哇喔","天啊"], inplace = True)
运行结果：

日期	高温	低温	风向	强度
2023-1-1	−7℃	−17℃	大风吹	1级
2023-1-2	−3℃	超级冷	天啊	1级
2023-1-3	2℃	−10℃	哇喔	1级
2023-1-4	−2℃	−15℃	哇喔	1级
2023-1-5	−5℃	−15℃	东北风	1级
2023-1-6	−5℃	超级冷	哇喔	1级
2023-1-7	−2℃	超级冷	哇喔	1级
2023-1-8	−5℃	−15℃	东北风	2级
2023-1-9	没温度	−7℃	天啊	2级
2023-1-10	4℃	−10℃	天啊	1级

任务三 数据处理

数据处理是数据分析的关键步骤之一，它包括对数据进行清理、转换和整理，以便进行进一步的分析和可视化。任务三主要包括 map、applymap、apply 的元素级操作，数据连接（concat、merge）、分组聚合（groupby）、数据透视（pivot_table）等常用的数据处理方法。

下面以预设的数据为例，讲解数据处理的几种主要方法。预设数据考虑一个包含个人信息的数据集，包括姓名、年龄、性别、职业和收入等字段。对这个数据集进行一系列的处理，比如将年龄列的值都增加 10，合并两个数据集，计算每个性别的平均年龄，以及创建一个数据透视表，查看每个性别和职业组合下的平均收入。通过这些处理，能够更清晰地了解数据的特征和关系，为后续的分析工作做好准备。预设数据如图 5-3-1 所示：

	姓名	年龄	性别	职业	收入
0	张三	22	男	工程师	5000
1	李四	28	男	教师	6000
2	王五	25	女	医生	8000
3	赵六	30	女	工程师	5500

图 5-3-1 数据处理任务预设数据示例

1. 映射函数——map、applymap、apply

map、applymap、apply 这三个函数用于对 DataFrame 中的数据进行变换或应用函数。其中 map 用于 Series 对象上，对每个元素进行操作；applymap 用于 DataFrame 对象上，每个元素进行操作；apply 用于 Series 和 DataFrame 对象上，对行或列应用函数。这三个函数用于数据处理和清洗或其他复杂的数据处理操作，比如对数据进行批量转换、计算等。

1.1 map

map 用于 Series 对象上，对 Series 中的每个元素进行映射操作，将参数中的所有数据用指定的函数遍历。

其中 Series 是一种一维的数据结构，类似于带有标签的数组，它由两部分组成：索引和值。索引是标签，用于标识和引用每个数据点，值则是实际的数据。Series 的用途是存储单列数据，它可以轻松进行各种数据操作和分析。它可以包含不同的数据类型，例如整数、浮点数、字符串等。其语法规则如下：

```
df['列名'].map(func)
```

其中 func 是具体应用的函数。

动手实操

将"年龄"列中的每条数据加 10。

```
df['年龄'] = df['年龄'].map(lambda x: x + 10)
```

运行结果

	姓名	年龄	性别	职业	收入
0	张三	32	男	工程师	5000
1	李四	38	男	教师	6000
2	王五	35	女	医生	8000
3	赵六	40	女	工程师	5500

map 代码实现完整实例：

```
import pandas as pd

#创建示例数据表
data = {'Column1': [1, 2, 3], 'Column2': [4, 5, 6]}
df = pd.DataFrame(data)

#定义函数
def square(x):
    return x ** 2

#使用map函数处理数据
result = df['Column1'].map(square)
print(result)
```

1.2 applymap

用于 DataFrame 对象上，对 DataFrame 中的每个元素进行映射操作。

其中 DataFrame 是一种二维的数据结构，类似于一个表格或电子表格。它由行和列组成，每列可以包含不同的数据类型。DataFrame 的用途是存储和处理结构化数据，类似于一个关系型数据库中的表。它提供灵活的数据操作和分析功能，可以对数据进行筛选、转换、合并、统计等操作。

applymap 语法规则如下：

df.applymap(funtion)

动手实操

选取"年龄"列和"收入"列，并应用 applymap 函数将选中元素中的每个数据加 10。

df = df[['年龄','收入']].applymap(lambda x: x + 10)

运行结果

	姓名	年龄	性别	职业	收入
0	张三	32	男	工程师	5010
1	李四	38	男	教师	6010
2	王五	35	女	医生	8010
3	赵六	40	女	工程师	5510

applymap 代码实现完整实例：

```
import pandas as pd

#创建示例数据表
data = {'Column1': [1, 2, 3], 'Column2': [4, 5, 6]}
df = pd.DataFrame(data)

#定义函数
def triple(x):
    return x * 3

#使用applymap函数处理数据
result = df.applymap(triple)
print(result)
```

1.3 apply

apply 函数可以用于 Series 和 DataFrame 对象上，对每个元素或行、列应用指定的函数。

用于 Series 对象上时，apply 函数的使用方式跟 map 函数很像，但相较于 map 函数针对单列 Series 进行处理，一条 apply() 语句可以对单列或多列进行运算，并且 apply 能够传入功能更为复杂的函数。假设在定义函数时，需要多加一个参数 bias，此时用 map 方法是操作不了的（传入 map 的函数只能接收一个参数），应用 apply 函数则可以解决这个问题，其可覆盖非常多的使用场景。

apply 接收一个函数作为参数，这个函数应用于 DataFrame 的每列（axis＝0）或每行（axis＝1）。函数可以是内置函数、自定义函数或匿名函数（如 lambda 函数）。其语法规则如下：

DataFrame 对象.apply(function,axis=0 或者 1)

动手实操

首先预设一个 DataFrame，包含员工的姓名、工作小时和时薪。

```
import pandas as pd
data = {'Name':['Alice','Bob','Charlie'],
        'Hours':[40,35,50],
        'Rate':[25,30,20]}
df = pd.DataFrame(data)
```

预设好的 DataFrame 表格如下：

	Name	Hours	Rate
0	Alice	40	25
1	Bob	35	30
2	Charlie	50	20

计算每个员工的周薪。首先可以定义一个函数用于计算总薪水，然后使用 apply 函数。使用方法如下：

```
#定义计算周薪的函数
def calculate_weekly_salary(row):
    return row['Hours'] * row['Rate']

#应用函数计算每行的周薪
df['Weekly Salary'] = df.apply(calculate_weekly_salary, axis=1)
```

运行结果

	Name	Hours	Rate	Weekly Salary
0	Alice	40	25	1000
1	Bob	35	30	1050
2	Charlie	50	20	1000

apply 代码实现完整实例：

```
import pandas as pd

#创建示例数据表
data = {'Column1': [1, 2, 3], 'Column2': [4, 5, 6]}
df = pd.DataFrame(data)

#定义函数
def double(x):
    return x * 2

#使用apply函数处理数据
result = df.apply(double, axis=1)
print(result)
```

2. 数据连接与合并——concat、merge

数据连接与合并用于在进行数据分析时,将不同的数据片段汇总到一起,以搭建一个完整的数据体。

concat 和 merge 用于连接两个或多个 DataFrame,在合并不同来源或格式的数据集的场景下使用。其中 concat 用于将数据框按行或列拼接在一起,适用于简单的连接;merge 用于将数据框按某个键值进行连接。

2.1 concat

concat 函数可以将两个或多个 DataFrame 对象按照指定轴进行连接。其语法规则如下:

```
import pandas as pd

#创建 DataFrame 或 Series
f1 = pd.DataFrame({...})
df2 = pd.DataFrame({...})
result = pd.concat([df1,df2],axis = 0) #按行合并
#或者
result = pd.concat([df1,df2],axis = 1) #按列合并
```

其中 axis 不设置时,默认为 0,且确保在使用 concat 时,被合并的数据集具有相同的列(沿着行合并)或相同的行(沿着列合并)。

动手实操

创建 df1,包含"姓名"列,值为"张三""李四","城市"列,值为"北京""上海"。

```
df1 = pd.DataFrame({'姓名':['张三','李四'],'城':['北京','上海']})
```

创建后的 df1 数据如下:

	姓名	城市
0	张三	北京
1	李四	上海

将预设后的 df 与 df1 进行数据连接操作,按列拼接。

```
df_concatenated = pd.concat([df,df1],axis = 1)
```

运行结果

	姓名	年龄	性别	职业	收入	姓名	城市
0	张三	22	男	工程师	5000	张三	北京
1	李四	28	男	教师	6000	李四	上海
2	王五	25	女	医生	8000	NaN	NaN
3	赵六	30	女	工程师	5500	NaN	NaN

concat 代码实现完整实例:

```
import pandas as pd

#创建示例数据表 1 和 2
```

```
data1 = {'Column1': [1, 2, 3], 'Column2': [4, 5, 6]}
df1 = pd.DataFrame(data1)
data2 = {'Column1': [7, 8, 9], 'Column2': [10, 11, 12]}
df2 = pd.DataFrame(data2)

#使用concat连接数据表
result = pd.concat([df1, df2], axis = 0)
print(result)
```

2.2　merge

merge用于根据一个或多个键将不同的DataFrame合并在一起。使用merge时,应清晰地指定合并的基准列(使用on参数),且其有不同的合并类型(inner,outer,left,right)。

基础用法如下:

(1) 基准列

使用on参数指定一个或多个合并的基准列(键)。这些列必须同时存在于两个DataFrame中。

(2) 合并类型

一是内连接(inner):只保留两个DataFrame都有的键的行(交集)。

二是外连接(outer):保留两个DataFrame中任一或两者都有的键的行(并集)。

三是左连接(left):保留左侧DataFrame的所有键,以及右侧DataFrame的匹配行。

四是右连接(right):保留右侧DataFrame的所有键,以及左侧DataFrame的匹配行。

其语法规则如下:

```
import pandas as pd

#创建DataFrame
df1 = pd.DataFrame({...})
df2 = pd.DataFrame({...})

#使用merge
result = pd.merge(df1,df2,on = 'key',how = 'inner') #inner,outer,left,right
```

动手实操1——merge基础用法

首先创建2个DataFrame数据。

```
import pandas as pd
df1 = pd.DataFrame({'Key':['K0','K1','K2','K3'],
                    'A':['A0','A1','A2','A3']})
df2 = pd.DataFrame({'Key':['K0','K1','K2','K3'],
                    'B':['B0','B1','B2','B3']})
```

创建后的 df1 数据如下:

	Key	A
0	K0	A0
1	K1	A1
2	K2	A2
3	K3	A3

创建后的 df2 数据如下:

	Key	B
0	K0	B0
1	K1	B1
2	K2	B2
3	K3	B3

将创建后的 df1 与 df2 进行数据合并操作，根据共同的"key"键合并它们，此时没有设置连接方式，默认内连接。

```
result = pd.merge(df1,df2,on = 'Key')
```

运行结果

	Key	A	B
0	K0	A0	B0
1	K1	A1	B1
2	K2	A2	B2
3	K3	A3	B3

动手实操 2——内连接

首先设置两个 DataFrame，分别包含员工信息和部门信息。

```
import pandas as pd

#员工信息
df_emp = pd.DataFrame({
        'Emp_ID':['E01','E02','E03','E04'],
        'Name':['Alice','Bob','Charlie','David']
})

#部门信息
df_dept = pd.DataFrame({
        'Emp_ID':['E01','E02','E04','E05'],
        'Dept':['HR','IT','Finance','Marketing']
})
```

创建后的 df_emp 数据如下:

	Emp_ID	Name
0	E01	Alice
1	E02	Bob
2	E03	Charlie
3	E04	David

创建后的 df_dept 数据如下:

	Emp_ID	Dept
0	E01	HR
1	E02	IT
2	E04	Finance
3	E05	Marketing

将创建后的 df_emp 与 df_dept 进行合并操作,根据员工 ID 和内连接合并它们。

```
#使用 inner 合并
merged_inner = pd.merge(df_emp,df_dept,on = 'Emp_ID',how = 'inner')
```

运行结果

	Emp_ID	Name	Dept
0	E01	Alice	HR
1	E02	Bob	IT
2	E04	David	Finance

动手实操 3——外连接

外连接返回两个 DataFrame 键(基于 on 参数)的并集,即使某些键在一个 DataFrame 中不存在也会被保留。并且在使用外连接时,所有不匹配的键将在合并结果中以 NaN 填充。

首先设置两个 DataFrame,代表两个不同月份的销售数据。

```
import pandas as pd

#1月销售数据
df_jan = pd.DataFrame({
    'Product':['Apple','Banana','Cherry'],
    'Sales_Jan':[100,80,75]
})

#2月销售数据
df_feb = pd.DataFrame({
    'Product':['Apple','Banana','Date'],
    'Sales_Feb':[120,90,60]
})
```

创建后的 df_jan 数据如下:

	Product	Sales_Jan
0	Apple	100
1	Banana	80
2	Cherry	75

创建后的 df_feb 数据如下：

	Product	Sales_Feb
0	Apple	120
1	Banana	90
2	Date	60

业务场景为想要查看所有月份的销售情况。此时需要将创建后的 df_jan 与 df_feb 进行合并操作，根据"Product"键和外连接合并它们。

```
#外连接
result_outer = pd.merge(df_jan,df_feb,on = 'Product',how = 'outer')
```

运行结果

	Product	Sales_Jan	Sales_Feb
0	Apple	100.0	120.0
1	Banana	80.0	90.0
2	Cherry	75.0	NaN
3	Date	NaN	60.0

动手实操 4——左连接

左连接保留左侧 DataFrame 的所有行（即使在右侧 DataFrame 中没有对应的匹配项）。

对于左侧 DataFrame 中存在而右侧 DataFrame 中不存在的键，合并后的 DataFrame 会在相关列显示 NaN。当需要保留左侧 DataFrame 的所有数据，同时添加右侧 DataFrame 中相匹配的数据时使用左连接。

首先设置两个 DataFrame，一个包含员工的基本信息，另一个包含他们的薪水信息。

```
import pandas as pd

#员工基本信息
df_emp = pd.DataFrame({
        'Emp_ID':['E01','E02','E03'],
        'Name':['Alice','Bob','Charlie']
})

#员工薪水信息
df_salary = pd.DataFrame({
        'Emp_ID':['E01','E03'],
        'Salary':[70000,85000]
})
```

创建后的 df_emp 数据如下：

	Emp_ID	Name
0	E01	Alice
1	E02	Bob
2	E03	Charlie

创建后的 df_salary 数据如下：

	Emp_ID	Salary
0	E01	70000
1	E03	85000

业务场景为保留所有员工的基本信息，并添加他们的薪水信息。此时需要将创建后的 df_emp 与 df_salary 进行合并操作，根据"Emp_ID"键和左连接合并它们。

```
#左连接
result_left = pd.merge(df_emp,df_salary,on = 'Emp_ID',how = 'left')
```

运行结果

	Emp_ID	Name	Salary
0	E01	Alice	70000.0
1	E02	Bob	NaN
2	E03	Charlie	85000.0

动手实操5——右连接

右连接返回右侧 DataFrame 的所有键，以及左侧 DataFrame 中与这些键相匹配的行。当需要确保右侧 DataFrame 的所有行都被保留时，右连接是合适的选择。

首先设置两个 DataFrame：员工的基本信息和他们的部门信息。

```
import pandas as pd
#员工信息
df_emp = pd.DataFrame({
    'Emp_ID':['E01','E02'],
    'Name':['Alice','Bob']
})

#部门信息
df_dept = pd.DataFrame({
    'Emp_ID':['E01','E02','E03'],
    'Dept':['HR','IT','Marketing']
})
```

创建后的 df_emp 数据如下：

	Emp_ID	Name
0	E01	Alice
1	E02	Bob

创建后的 df_dept 数据如下：

	Emp_ID	Dept
0	E01	HR
1	E02	IT
2	E03	Marketing

业务场景为确保所有部门信息都被包括,即使某些部门没有员工信息。此时需要将创建后的 df_emp 与 df_dept 进行合并操作,根据"Emp_ID"键和右连接合并它们。

```
#右连接
result_right = pd.merge(df_emp,df_dept,on = 'Emp_ID',how = 'right')
```

运行结果

	Emp_ID	Name	Dept
0	E01	Alice	HR
1	E02	Bob	IT
2	E03	NaN	Marketing

3. 分组聚合——groupby

groupby 是 Pandas 库中常用的一个函数,用于根据指定的列或索引将数据集分组,然后对每个组应用聚合函数(如求和、平均值、最大值、最小值等)。它可以帮助我们快速统计和分析数据,用于生成汇总信息。同时 groupby 也支持多级分组,即按多个列的组合进行分组,适用于对数据集进行分组分析,如按类别、时间、地区等维度进行数据汇总和分析。其语法规则如下:

```
grouped = df.groupby(key)
result = grouped.agg(func)
```

其中,值得注意的是:

- key 用于分组的列名或列名列表,可以是一个单独的列名,也可以是多个列名组成的列表。
- func 是聚合函数,用于对每个分组进行聚合操作。可以是常见的统计函数,也可以是自定义函数。
- 分组的列必须存在于数据集中。
- 分组后的结果是生成一个 GroupBy 对象,需要通过聚合函数进行操作才能得到最终结果。
- 聚合函数可以是内置的统计函数,例如 sum、mean、min、max 等,也可以是自定义函数。

动手实操 1

按"性别"列进行聚合,聚合后对"年龄"列使用 mean 函数进行平均值计算。

```
#分组聚合 - groupby
grouped = df.groupby('性别')
result_groupby = grouped['年龄'].mean()
```

其中,groupby('性别')意味着对数据进行分组,分组依据是"性别"这一列。分组操作会返回一个 GroupBy 对象,这个对象包含按照"性别"划分的多个子数据集。

在 grouped['年龄'].mean()步骤中,首先从分组后的数据中选择"年龄"这一列。grouped['年龄']返回的是一个新的 GroupBy 对象,它仅包含每个性别组中的"年龄"数据。

接着调用 mean() 函数计算每个性别组的平均年龄。mean() 是一个聚合函数,它会计算每个组中的"年龄"数据平均值。

最终,result_groupby 包含的是一个新的 DataFrame 或 Series(取决于原始 DataFrame 中"性别"列的数据类型),其中索引是性别类别,值是对应性别的平均年龄。

运行结果

```
性别
女    27.5
男    25.0
```

动手实操 2

首先设置一个关于销售数据的 DataFrame,包含产品类别、销售员和销售额。

```
import pandas as pd

#示例数据
data = {
    '产品类别':['Furniture','Technology','Furniture','Technology','Furniture'],
    '销售员':['Alice','Bob','Alice','Alice','Bob'],
    '销售额':[500,300,200,450,700]
}

df = pd.DataFrame(data)
```

创建后的 df 数据如下:

	产品类别	销售员	销售额
0	Furniture	Alice	500
1	Technology	Bob	300
2	Furniture	Alice	200
3	Technology	Alice	450
4	Furniture	Bob	700

业务场景为按产品类别和销售员进行分组,并计算每个分组的总销售额。此时需要按产品类别和销售员进行分组,并计算每个分组的总销售额。使用 reset_index() 使结果更易于阅读。

```
#分组并计算总销售额
grouped_sales = df.groupby(
            ['产品类别','销售员']).agg({'销售额':'sum'}).reset_index()
```

运行结果

	产品类别	销售员	销售额
0	Furniture	Alice	700
1	Furniture	Bob	700
2	Technology	Alice	450
3	Technology	Bob	300

4. 数据透视——pivot_table

pivot_table 是用于数据透视的函数，它可以根据指定的行和列将数据重新排列，并对数据进行汇总计算，用以创建一个新的数据透视表。数据透视表是一种常用的数据分析工具，它可以在 DataFrame 中对数据进行重新排列和聚合。当用户需要进一步挖掘数据时，可以使用 pivot_table 函数按需求对数据进行更深入的分析。其语法规则如下：

```
pivot_table = pd.pivot_table(df, values = '值列',
              index = ['行索引列1', '行索引列2'], aggfunc = 聚合函数)
```

其中，值得注意的是：

- pd.pivot_table(df, ...) 是 Pandas 库中的 pivot_table 函数，用于创建数据透视表。
- values='值列'，这里的 values 参数用于指定要聚合的数据列。在这个例子中，它设置为'值列'，意味着将对这一列中的数据进行聚合计算。
- index=['行索引列1', '行索引列2']：index 参数定义数据透视表的行标签。在这个例子中，使用了两个列名（'行索引列1'和'行索引列2'），这意味着数据透视表将根据这两个列的值进行分组。
- aggfunc=聚合函数，aggfunc 参数定义聚合的方式，例如 sum、mean、count 等。它确定了如何对 values 中指定的列进行数据聚合。

动手实操 1

计算每个性别、职业组合下的平均收入。

```
# 数据透视 - pivot_table
pivot_table = pd.pivot_table(df, values = '收入',
              index = ['性别', '职业'], aggfunc = np.mean)
```

运行结果

性别	职业	收入
女	医生	8000
	工程师	5500
男	工程师	5000
	教师	6000

动手实操 2

预设一个 DataFrame 'df'，包含员工的部门、性别以及他们的薪水。

```
import pandas as pd
import NumPy as np

# 示例数据
data = {
```

```
    'Department':['HR','HR','IT','IT','IT'],
    'Gender':['Female','Male','Female','Male','Female'],
    'Salary':[70000,65000,80000,72000,68000]
}

df = pd.DataFrame(data)
```

创建后的 df 数据如下：

	Department	Gender	Salary
0	HR	Female	70000
1	HR	Male	65000
2	IT	Female	80000
3	IT	Male	72000
4	IT	Female	68000

业务场景为使用 pivot_table 计算每个部门和性别组合下的平均薪水。

```
#创建数据透视表
pivot_table = pd.pivot_table(df,values='Salary',
            index=['Department','Gender'],aggfunc=np.mean)
```

运行结果

Department	Gender	Salary
HR	Female	70000
	Male	65000
IT	Female	74000
	Male	72000

第三篇

进阶篇

第六章 数据可视化

章节导读

数字是抽象的,而图形是直观的,数据可视化可以突出数据中的关注点,帮助企业在较短时间内分析更多数据并快速做出决策,提高数据沟通的效率。

任务一 matplotlib 应用

matplotlib 是 Python 生态系统的一个重要组成部分,是用于可视化的绘图库。它提供了一整套和 matlab 相似的命令 API(应用程序编程接口)和可视化界面,可以生成出版质量级别的精美图形。matplotlib 使绘图变得非常简单,在易用性和性能间取得了优异的平衡。

matplotlib 最核心的模块是 pyplot 模块,几乎所有的 2D 图形都是通过该模块绘制的,约定其别名为 plt。

引入规则:

```
#方法一:
import matplotlib.pyplot as plt
#方法二:
from matplotlib import pyplot as plt
```

1. matplotlib 绘图流程

绘制步骤:
- 绘制图纸:plt.figure(figsize=(数值,数值));
- 绘制 x、y 轴:plt.xlim(数值,数值) / plt.ylim(数值,数值);
- 给 x、y 轴命名:plt.xlabel("名称") / plt.ylabel("名称");
- 使用想要的方法绘制图像:plt.方法名(x,y)(图 6-1-1)。

使用 matplotlib 绘制图表时,需要包含以下元素(图 6-1-2):
- 画布(figure);
- 绘制区域(axes);
- 坐标系;

- 坐标轴(axis);
- 图标标题(title);
- 坐标轴签(label)。

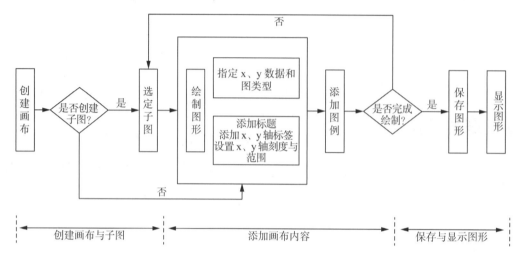

图 6-1-1　matplotlib 绘图流程

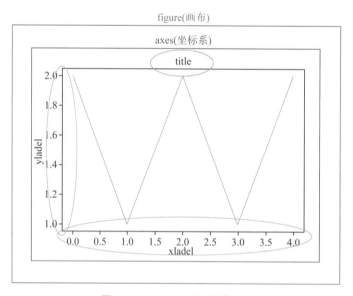

图 6-1-2　matplotlib 画布(1)

用 figure()函数创建画布

构建一张空白画布(figure),并选择是否构建子图,最简单的绘图可以直接在默认的画布上绘制。

引入 figure()函数:

```
import matplotlib.pyplot as plt
fig = plt.figure()
```

拥有 figure 对象之后,还需要创建绘图区域,添加 Axes。在绘制子图过程中,对于每一个子图可能有不同设置,而 Axes 可以直接实现对单个子图的设定。

```
fig = plt.figure()
ax = fig.add_subplot(111)
ax.set(xlim=[0.5, 4.5], ylim=[-2, 8], title='An Example Axes',
       ylabel='Y-Axis', xlabel='X-Axis')
plt.show()
```

以上的代码,在一幅图上添加了一个 Axes,然后设置了 Axes 的 X 轴以及 Y 轴的取值范围,效果如图 6-1-3 所示:

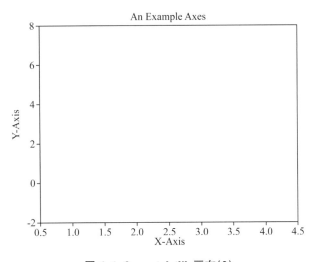

图 6-1-3　matplotlib 画布(2)

在使用 matplotlib 作图时,会遇到图片显示不全或者图片大小不符合要求等情况,这个时候就需要调整画布大小。

```
import matplotlib.pyplot as plt

# 500 * 500 像素(先宽度后高度)
# 注意这里的宽度和高度的单位是英寸,1 英寸 = 100 像素
fig = plt.figure(figsize=(5,5))
ax = fig.add_subplot(111)
plt.show()
```

创建坐标轴的方法有两种:
·new_fixed_axis(self, loc, offset=None)
·new_floating_axis(self, nth_coord, value, axis_direction='bottom')
而 new_floating_axis()相对更加灵活.
参数说明:
nth_coord:坐标轴方向,0 代表 X 方向,1 代表 Y 方向

value:坐标轴中所处位置,如果是平行于 X 轴的新坐标轴,那么代表 Y 位置(即通过(0,value));如果是平行于 Y 轴的新坐标轴,那么代表 X 位置(即通过(value,0))

axis_direction:代表刻度标识字的方向,可选['top', 'bottom', 'left', 'right']

pyplot 常用图形函数如表 6-1-1 所示:

表 6-1-1 pyplot 常用图形函数

函数	图形	函数	图形
plt.plot( )	折线图	plt.pie( )	饼状图
plt.scatter( )	散点图	plt.area( )	面积图
plt.bar( )	柱状图	plt.stackplot( )	堆叠图
plt.hist( )	直方图	plt.boxplot( )	箱线图

pyplot 常用绘制函数如表 6-1-2 所示:

表 6-1-2 pyplot 常用绘制函数

函数	图形	函数	图形
plt.title( )	设置图像标题	plt.legend	设置图例
plt.xlabel( )	设置 x 轴名称	plt.ylabel( )	设置 y 轴名称
plt.xlim( )	设置 x 轴范围	plt.ylim( )	设置 y 轴范围
plt.xticks( )	设置 x 轴刻度	plt.yticks( )	设置 y 轴刻度

pyplot 保存与显示函数如表 6-1-3 所示:

表 6-1-3 pyplot 保存与显示函数

函数	作用
plt.savefig( )	保存绘制的图形
plt.show( )	显示图形

2. matplotlib 常见图形绘制

2.1 折线图绘制

示例用法:

```
import matplotlib.pyplot as plt
from matplotlib import pyplot as plt
#设置中文字体
plt.rcParams['font.family'] = 'SimHei'
plt.rcParams['axes.unicode_minus'] = False
#绘制一个8 * 6 大小的图纸
plt.figure(figsize = (8,6))
#设置数值并以折线图的形式展示
x = [0,3,6,7,8]
```

```
y = [5,8,7,4,3]
plt.plot(x, y)
#绘制横轴与纵轴都为(0,8)的坐标
plt.xlim(0, 8)
plt.ylim(0, 8)
#给横纵坐标轴命名为 x 轴,y 轴
plt.xlabel('x轴')
plt.ylabel('y轴')
#将图象保存并命名
plt.savefig("2.png")
```
运行结果如图 6-1-4 所示:

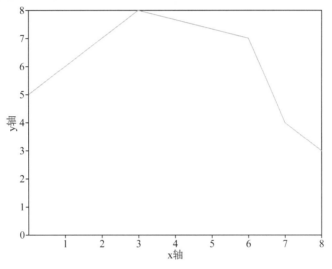

图 6-1-4　matplotlib-折线图

2.2　柱状图绘制

示例用法:

```
import matplotlib.pyplot as plt
from matplotlib import pyplot as plt
#设置中文字体
plt.rcParams['font.family'] = 'SimHei'
plt.rcParams['axes.unicode_minus'] = False
#绘制一个 8 * 6 大小的图纸
plt.figure(figsize=(8,6))
#2022 年四大直辖市 GDP 水平
GDP = [41600,44600,16300,21900]
city = ['北京市','上海市','天津市','重庆市']
#绘制图形
```

```
plt.bar(city,GDP)
#设置 y 轴范围
plt.ylim(10000, 50000)
#保存图像并命名
plt.savefig("2022年四大直辖市 GDP 水平.png")
```
运行结果如图 6-1-5 所示:

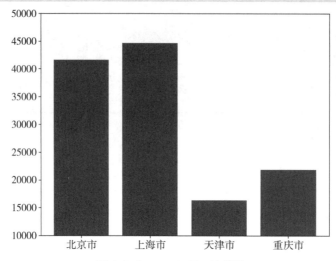

图 6-1-5　matplotlib-柱状图

2.3　组合图形绘制

示例用法:

```
#导入 matplotlib.pyplot 模块
from matplotlib import pyplot as plt
#设置中文字体为黑体、中文状态下负号正常显示
plt.rcParams['font.family'] = 'Simhei'
plt.rcParams['axes.unicode_minus'] = False
#绘制一个 8 * 6 大小的图纸
plt.figure(figsize=(8,6))
#根据已知条件设置 x 轴、y 轴数据
x = ['7月', '8月', '9月', '10月', '11月', '12月']
y1 = [100, 80, 120, 150, 90, 150]
y2 = [60, 40, 80, 100, 80, 90]
#绘制折线图,展示微波炉销售收入
plt.plot(x, y1, linewidth = 2, color = 'lightblue', linestyle = '--', marker = '*', label = '微波炉销售收入')
#绘制折线图,展示电磁炉销售收入
plt.plot(x, y2, linewidth = 2, color = 'steelblue', marker = '*', label = '电磁炉销售收入')
#设置组合折线图标题
plt.title('微波炉销售收入 vs 电磁炉销售收入')
#显示图例
plt.legend()
```

#显示组合折线图,保存图像并命名
plt.savefig("2023年下半年销售对比.png")
运行结果如图6-1-6所示：

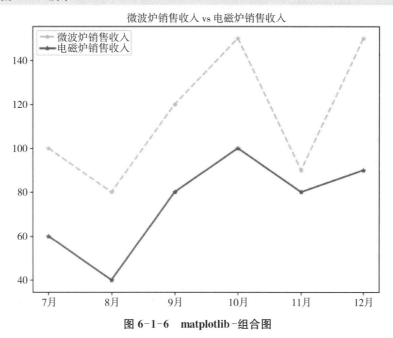

图6-1-6 matplotlib-组合图

3. matplotlib 高阶应用

需要用到的相关函数：

read_excel()：读取xls文件。

df.head()：查看表格前五行。

df.describe()：展示数据的一些描述性统计信息。

plt.hist(df[], edgecolor, label)：绘制直方图，中括号里第一个空为所需导入数据，edgecolor为分隔颜色，label为图例。

df.groupby('user_id')['order_id'].nunique()：计算每个消费者的购买次数。

df.groupby('user.id')['price'].sum()：计算每个消费者的购买总金额。

plt.title()：为图像命名。

df['']. value_counts()：计算表格某列的比例。

plt.figure(figsize=(,))：绘制图像大小。

plt.pie(x1, labels = x1.index, autopct='%.2f%%')：绘制饼状图，x1为填充内容，labels = x1.index为每块扇形所代表的含义，autopct='%.2f%%'为每块扇形所代表的占比。

plt.subplot(221)：将图像一同显示的代码，221在这里的意思就是将创建的画布分为两行两列,并且在第一个区域绘图。

3.1 使用 Excel 表中数据绘图

示例用法：

```python
#(1)使用 Excel 表中数据绘图
# 导入 pandas、matplotlib 第三方库
import pandas as pd
import matplotlib.pyplot as plt
# 显示所有列
pd.set_option('display.max_columns', None)
# 显示所有行
pd.set_option('display.max_rows', None)
# 设置中文编码和负号的正常显示
plt.rcParams['font.family'] = 'SimHei'
plt.rcParams['axes.unicode_minus'] = False
# 读取 xls 文件
df = pd.read_excel('销售信息.xls')
# 展示文件前5行
print(df.head())
# 查看数据的信息
print(df.iloc[0:5,1:5])
# 绘制图像大小
plt.figure(figsize=(8,6))
# 绘制直方图基本样式(内容,边框颜色,图例名称)
plt.hist(df['age'], edgecolor='k', label='人数')
# 显示图像名称
plt.title('年龄分布直方图')
# 显示图例
plt.legend()
# 保存图像并命名
plt.savefig("年龄分布直方图.png")
```

运行结果如图 6-1-7 所示：

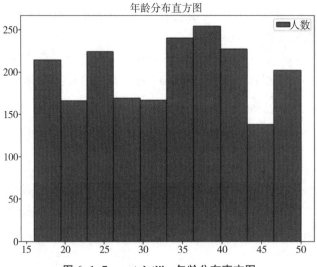

图 6-1-7　matplotlib-年龄分布直方图

```python
#(2)取表中数据绘制省市直方图
# 绘制图像大小
plt.figure(figsize=(8,6))
#绘制省市的直方图
plt.hist(df['local'], edgecolor='k', label='人数')
#显示图像名称
plt.title('省市分布直方图')
#显示图例
plt.legend()
#保存图像并命名
plt.savefig("省市分布直方图.png")
```
运行结果如图 6-1-8 所示:

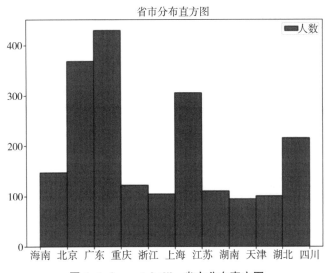

图 6-1-8　matplotlib-省市分布直方图

```python
#(3)绘制消费次数与消费金额关系的散点图
#计算每个消费者的购买次数
x = df.groupby('user_id')['order_id'].nunique()
#计算每个消费者的购买总金额
y = df.groupby('user_id')['price'].sum()
#绘制图像大小
plt.figure(figsize=(8,5))
#绘制散点图
plt.scatter(x,y)
#给横纵坐标轴加个名字
plt.xlabel('消费次数')
plt.ylabel('消费金额')
#给图像命名
```

```
plt.title('消费次数与消费金额关系')
#保存图像并命名
plt.savefig("消费次数与消费金额的关系.png")
运行结果如图 6-1-9 所示:
```

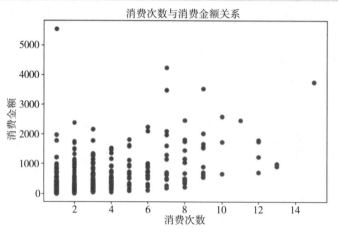

图 6-1-9　matplotlib-消费次数与消费金额的关系

```
#(4)分析表中男女占比
#计算男女人数总和
x1 = df['sex'].value_counts()
#绘制图像大小
plt.figure(figsize=(4,4))
#绘制饼状图(内容,显示名称,显示比例)
plt.pie(x1, labels = x1.index, autopct='%.2f%%')
#给图像命名
plt.title('男女占比')
#保存图像并命名
plt.savefig("男女比例图.png")
运行结果如图 6-1-10 所示:
```

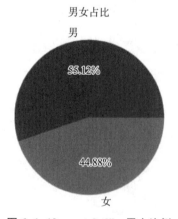

图 6-1-10　matplotlib-男女比例

3.2 多表并行显示

示例用法:

```
#绘制画布
plt.figure(figsize=(16,12))
#绘制第一个图像
ax1 = plt.subplot(221)
ax1 = plt.hist(df['age'], edgecolor='k', label='人数')
ax1 = plt.title('年龄分布直方图')
ax1 = plt.legend()
#绘制第二个图像
x = df.groupby('user_id')['order_id'].nunique()
y = df.groupby('user_id')['price'].sum()
ax2 = plt.subplot(212)
ax2 = plt.scatter(x,y)
ax2 = plt.xlabel('消费次数')
ax2 = plt.ylabel('消费金额')
ax2 = plt.title('消费次数与消费金额关系')
#绘制第三个图像
x1 = df['sex'].value_counts()
ax3 = plt.subplot(222)
ax3 = plt.pie(x1, labels=x1.index, autopct='%.2f%%')
ax3 = plt.title('男女占比')
#保存图像并命名
plt.savefig("组合图.png")
```

运行结果如图 6-1-11 所示:

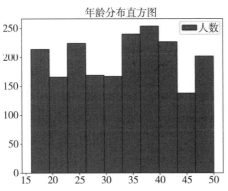

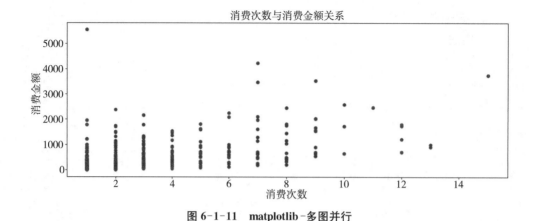

图 6-1-11　matplotlib-多图并行

任务二　pyecharts 应用

pyecharts 是一个基于 Python 的开源数据可视化库，用于创建各种交互式的图表。它是在 ECharts 的基础上进行封装和优化的，ECharts 是一个流行的 JavaScript 数据可视化库。

pyecharts 提供了直观、易用且美观的图表，包括折线图、柱状图、散点图、饼图、雷达图、地图等多种类型。

pyecharts 具有以下几个主要用途：

1. 数据可视化：pyecharts 可以将数据以图表的形式进行可视化展示，帮助用户更直观地理解数据。

2. 交互式图表：生成的图表具有交互功能，用户可以通过鼠标悬停、点击等操作与图表进行交互，查看详细信息。

3. 地理数据可视化：pyecharts 可以生成各种类型的地图，包括世界地图、中国地图、省市地图等，帮助用户展示地理数据。

4. 数据分析与报告：结合 Python 中的数据分析库（如 pandas、NumPy 等），pyecharts 可以生成各种详细的数据分析报告。

总之，pyecharts 可以帮助用户快速、方便地生成各种类型的图表，提升数据可视化和数据分析的效率和效果。

引入规则：

```
from pyecharts import options as opts
from pyecharts.charts import *
```

pyecharts 图表类引入规则：

```
from pyecharts.charts import 图表类名
```

1. pyecharts 常见图形绘制

pyecharts 支持的图表类型如表 6-2-1 所示。

表 6-2-1　pyecharts 图标类型

基本图表	基本图标	直角坐标系图标	树形图标
Calender:日历图	Sankey:桑基图	Bar:柱状图/条形图	Tree:树图
Funnel:漏斗图	Sunburst:旭日图	Boxplot:箱形图	TreeMap:矩形树图
Gauge:仪表盘	ThemeRiver:主题河流图	EffectScatter:涟漪特效散点图	
Graph:关系图	WordCloud:词云图	HeatMap:热力图	
Liquid:水球图		Kline/Candlestick：K 线图	
Parallel:平行坐标系		Line:折线/面积图	
Pie:饼图		PictorialBar:象形柱状图	
Polar:极坐标系		Scatter:散点图	
Radar:雷达图		Overlap:层叠多图	

所涉及的函数：

from pyecharts.charts import *：导入数据库当中的所有函数；

df = Bar()：绘制直方图。

df = Line()：绘制折线图。

df = Scatter()：绘制散点图。

df.add_xaxis()：创建 X 轴并导入数据。

df.add_yaxis()：创建 Y 轴并导入数据。

df.render_notebook()：将图像在 notebook 中展示。

1.1　直方图绘制

示例用法：

```
#(1)绘制单数据图
#导入模块
from pyecharts import options as opts
from pyecharts.charts import *
#创建数据——X轴数据
x_data = ['草莓', '苹果', '柚子', '香蕉', '橙子', '橘子']
#创建数据——Y轴数据
y_data = [123, 153, 89, 107, 98, 23]
y1_data = [153, 107, 23, 89, 123, 107]
#所需绘制图形的样式
bar = Bar()
#创建X轴并导入数据
bar.add_xaxis(x_data)
#创建Y轴并导入数据
bar.add_yaxis('门店销售量', y_data)
#将图形保存为html格式,并查看
bar.render('门店销售量.html')
```

运行结果如图 6-2-1 所示：

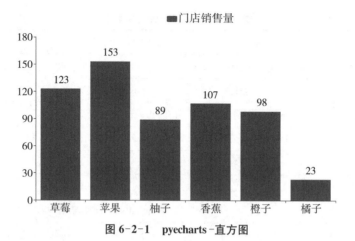

图 6-2-1　pyecharts-直方图

```
#(2)绘制多数据对比图
#导入模块
from pyecharts import options as opts
from pyecharts.charts import *
#创建数据——X轴数据
x_data = ['草莓', '苹果', '柚子', '香蕉', '橙子', '橘子']
#创建数据——Y轴数据
y_data = [123, 153, 89, 107, 98, 23]
y1_data = [153, 107, 23, 89, 123, 107]
#所需绘制图形的样式
bar = Bar()
#创建X轴并导入数据
bar.add_xaxis(x_data)
#创建Y轴并导入数据
bar.add_yaxis('线上销售量', y1_data)
bar.add_yaxis('门店销售量', y_data)
#将图形保存为html格式,并查看
bar.render('销售量对比图.html')
运行结果如图 6-2-2 所示:
```

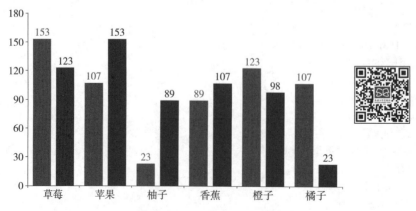

图 6-2-2　pyecharts-组合图

1.2 折线图绘制

示例用法：

```
#导入模块
from pyecharts import options as opts
from pyecharts.charts import *
#创建数据——X轴数据
x_data = ['草莓', '苹果', '柚子', '香蕉', '橙子', '橘子']
#创建数据——Y轴数据
y_data = [123, 153, 89, 107, 98, 23]
y1_data = [153, 107, 23, 89, 123, 107]
#所需绘制图形的样式
line = Line()
#创建X轴并导入数据
line.add_xaxis(x_data)
#创建Y轴并导入数据
line.add_yaxis('线上销售量', y1_data)
#将图形保存为html格式并查看
line.render('线上销售量折线图.html')
```

运行结果如图 6-2-3 所示：

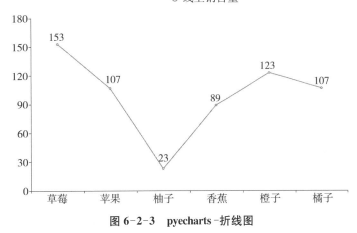

图 6-2-3　pyecharts-折线图

1.3 散点图绘制

示例用法：

```
#导入模块
from pyecharts import options as opts
from pyecharts.charts import *
#创建数据——X轴数据
x_data = ['草莓', '苹果', '柚子', '香蕉', '橙子', '橘子']
#创建数据——Y轴数据
y_data = [123, 153, 89, 107, 98, 23]
```

```
y1_data = [153, 107, 23, 89, 123, 107]
#所需绘制图形的样式
scatter = Scatter()
#创建X轴并导入数据
scatter.add_xaxis(x_data)
#创建Y轴并导入数据
scatter.add_yaxis('门店销售量', y_data)
scatter.add_yaxis('线上销售量', y1_data)
#将图形保存为html格式,并查看
scatter.render('销售量对比图-散点图.html')
```
运行结果如图6-2-4所示:

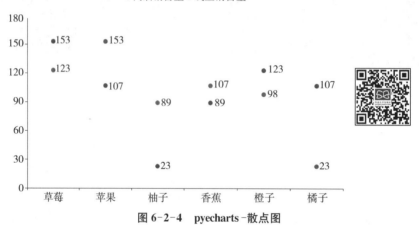

图6-2-4　pyecharts-散点图

1.4　饼图绘制

示例用法:

```
#导入绘图模块
from pyecharts.charts import *
#导入附加功能模块
from pyecharts import options as opts
#创建数据——X轴数据
x_data = ['草莓', '苹果', '柚子', '香蕉', '橙子', '橘子']
#创建数据——Y轴数据
y_data = [123, 153, 89, 107, 98, 23]
y1_data = [153, 107, 23, 89, 123, 107]
#所需绘制图形的样式
pie = Pie()
#将数据导入公式
pie.add((''),[list(z) for z in zip(x_data, y_data)])
#将图形保存为html格式,并查看
pie.render('门店销售量饼图.html')
```
运行结果如图6-2-5所示:

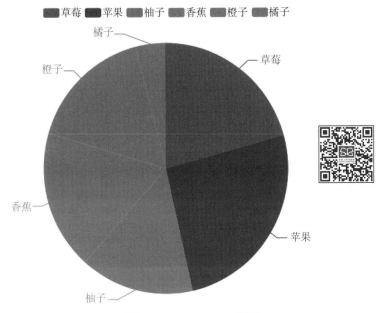

图 6-2-5 pyecharts-饼图

2. pyecharts 绘图进阶

pyecharts 提供了丰富的配置项,包括全局配置项和系列配置项。

2.1 添加标题

示例用法:

```
#导入绘图模块
from pyecharts.charts import *
#导入附加功能模块
from pyecharts import options as opts
#创建数据——X轴数据
x_data = ['草莓', '苹果', '柚子', '香蕉', '橙子', '橘子']
#创建数据——Y轴数据
y_data = [123, 153, 89, 107, 98, 23]
y1_data = [153, 107, 23, 89, 123, 107]
#所需绘制图形的样式
bar = Bar()
#创建 X 轴并导入数据
bar.add_xaxis(x_data)
#创建 Y 轴并导入数据
bar.add_yaxis('门店销售量', y_data)
bar.add_yaxis('线上销售量', y1_data)
#创建标题
bar.set_global_opts(title_opts = opts.TitleOpts(title = '销售量直方图'))
#将图形保存为 html 格式,并查看
bar.render('销售量直方图.html')
```

运行结果如图 6-2-6 所示:

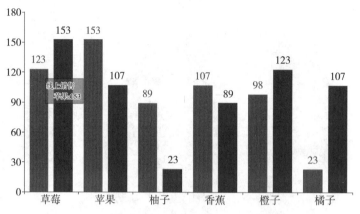

图 6-2-6　pyecharts-标题直方图

2.2　添加工具箱

示例用法：

```
#在图像中添加工具箱
bar.set_global_opts(toolbox_opts = opts.ToolboxOpts())
#将图形保存为html格式,并查看
bar.render('销售量直方图.html')
```

运行结果如图 6-2-7 所示：

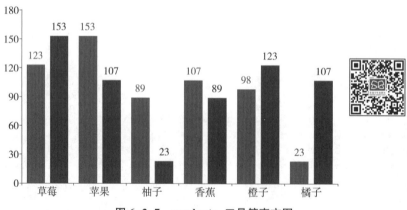

图 6-2-7　pyecharts-工具箱直方图

2.3　组合图形

示例用法：

```
#导入附加功能模块
from pyecharts import options as opts
#创建数据——X轴数据
x_data = ['草莓', '苹果', '柚子', '香蕉', '橙子', '橘子']
#创建数据——Y轴数据
```

```
y_data = [123, 153, 89, 107, 98, 23]
y1_data = [153, 107, 23, 89, 123, 107]
#创建一个散点图
scatter = Scatter()
scatter.add_xaxis(x_data)
scatter.add_yaxis('', y1_data)
#创建一个折线图
line = Line()
line.add_xaxis(x_data)
line.add_yaxis('', y_data)
#将两个图像合并
overlap = scatter.overlap(line)
#将图形保存为html格式并查看
overlap.render('合并组图.html')
```
运行结果如图6-2-8所示：

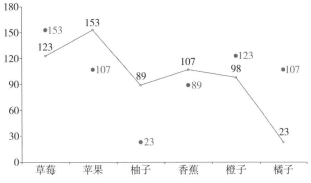

图6-2-8　pyecharts-散点折线组合图

2.4　图表并行

示例用法：

```
scatter = Scatter()
scatter.add_xaxis(x_data)
scatter.add_yaxis("门店销售量", y_data)
scatter.add_yaxis("线上销售量", y1_data)
scatter.set_global_opts(title_opts = opts.TitleOpts(title = "散点图"))
line1 = Line()
line1.add_xaxis(x_data)
line1.add_yaxis("门店销售量", y_data)
line1.add_yaxis("线上销售量", y1_data)
line1.set_global_opts(title_opts = opts.TitleOpts(title = "折线图", pos_right = "20%"))
#所需绘制图形的样式
grid = Grid()
```

#将第一个图像绘制在左边
grid.add(scatter, grid_opts = opts.GridOpts(pos_right = "55%"))
#将第二个图像绘制在右边
grid.add(line1, grid_opts = opts.GridOpts(pos_left = "55%"))
#将图形保存为html格式并查看
grid.render('并行组合图.html')
运行结果如图6-2-9所示：

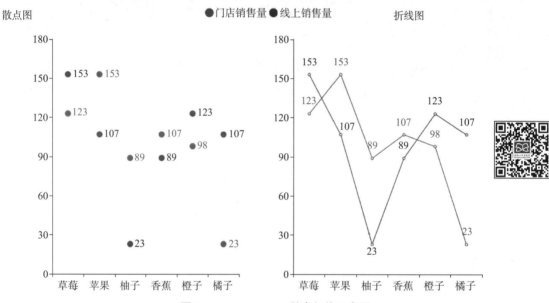

图6-2-9　pyecharts-散点折线组合图

2.5　多表并行

示例用法：

#所需绘制图形的样式
tab = Tab()
#创建第一个表并命名
tab.add(bar, "直方图")
#创建第二个表并命名
tab.add(pie, "饼图")
#创建第三个表并命名
tab.add(scatter, "散点图")
#将图形保存为html格式并查看
tab.render('自定义名称.html')
运行结果如图6-2-10、6-2-11、6-2-12所示：

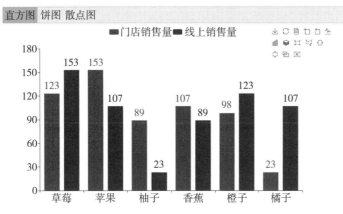

图 6-2-10　pyecharts-多表并行直方图

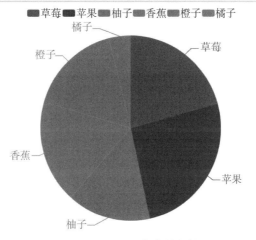

图 6-2-11　pyecharts-多表并行饼图

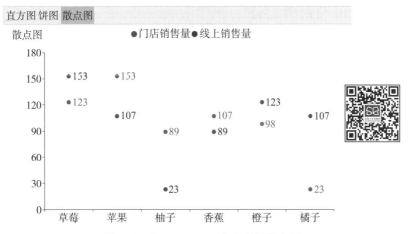

图 6-2-12　pyecharts-多表并行散点图

第七章　Python 在财务中的应用

章节导读

在入门阶段,财务分析主要是对数据表进行分析,包含财务报表、余额表、总账、明细账、序时账等。当你需要更强大的一些功能,比如对多张数据表灵活切换、分组、聚合、索引、排序,并且结合各种函数的使用,或采用复杂些的财务模型、统计方法时,则可学习使用 Python 进行更高阶的表格处理。从不同交易级别的大量而实时的业务数据,到按月汇总的财务账簿,各种非财务信息、驱动因素、环境变量、变化路径,这些数据经过层层的汇总筛选处理,已经遗失了大量信息,导致仅停留在财务领域的数据分析如雾里看花,很难对业务决策起到支持作用。而要将财务数据与业务数据结合起来分析,通过对业务数据的分析找到财务指标变动原因,通过对财务数据的分析发现业务薄弱点,你将面临的数据量会大大增加,简单的 Excel 已经无法满足需求。

这个阶段的财务人,你会发现需要使用数据库了。财务人将数据库里的数据放在 Excel 里做分析,那能不卡吗？理解数据库和数据存储结构,会一点增删改查的数据库操作,这个时候就需要通过 Python 读取数据库的庞大数据,进行高阶的数据处理、加工和分析。这对财务人来说,就像打开了一扇门,见到了数据的海洋。也是在这个阶段,你会真正从数据的角度开始理解财务核算和报告是怎么一回事。

任务一　Python 与财务会计

1. 职工薪酬计算

1.1 职工薪酬分析

NOTE 公司 2023 年 6 月的职工薪酬数据如表 7-1-1 所示,公司财务部每个月都需要计算各个员工的社会保险费、住房公积金、应发与实发工资、个人所得税等数据。

表 7-1-1　2023 年 6 月职工薪酬数据　　　　　　　　　　　　　　单位:元

工号	姓名	部门	出勤天数	基本工资	绩效工资	津贴	社保缴纳基数	专项附加扣除	上期累计应纳税所得额	职工福利费	职工教育经费
01	王闻倩	销售部	20.00	18 000.00		500.00	22 000.00	2 000.00	61 485.00	500.00	

续表

工号	姓名	部门	出勤天数	基本工资	绩效工资	津贴	社保缴纳基数	专项附加扣除	上期累计应纳税所得额	职工福利费	职工教育经费
02	朗豪	行政部	22.00	11 000.00		200.00	10 800.00		33 511.00	500.00	
03	汪亚婷	财务部	22.00	12 000.00		200.00	11 500.00	1 000.00	33 272.00	500.00	
04	涂犀	行政部	18.00	9 000.00		200.00	8 800.00	1 000.00	16 194.00	500.00	
05	杨露	生产部	20.00	10 300.00		200.00	9 800.00		18 793.00	500.00	
06	王明师	销售部	19.00	18 500.00	2 500.00	200.00	17 800.00	2 000.00	76 520.00	500.00	
07	林科梅	销售部	22.00	18 500.00	1 000.00	500.00	18 000.00		77 851.00	500.00	
08	文朝荣	销售部	19.00	16 500.00		200.00	16 000.00	2 000.00	52 734.00	500.00	
09	符秀芝	生产部	22.00	15 000.00		500.00	23 400.00	2 000.00	97 007.00		800.00
10	杨杰	生产部	19.00	11 500.00		200.00	11 000.00		36 442.00		800.00
11	常启慧	生产部	20.00	12 000.00		200.00	10 800.00	1 000.00	33 511.00		800.00
12	龚玉玲	生产部	21.00	10 500.00		200.00	9 800.00	2 000.00	18 852.00		800.00
13	杨照敏	生产部	21.00	11 000.00		200.00	10 600.00	1 000.00	27 579.00		800.00
14	何保林	生产部	20.00	13 200.00		200.00	12 700.00		46 062.00		800.00
15	张兴宇	生产部	22.00	11 800.00		200.00	11 200.00		38 174.00		800.00
16	邹思丹	生产部	21.00	13 200.00		200.00	12 800.00		46 028.00		800.00

应付职工薪酬包括的内容如图 7-1-1 所示：

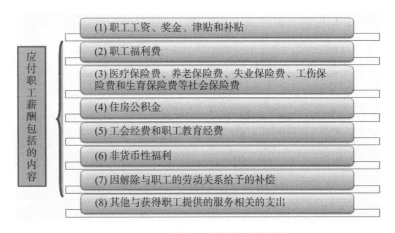

图 7-1-1　应付职工薪酬包括的内容

思路分析

应付职工薪酬的计算公式为：应付职工薪酬 ＝ 员工工资 ＋ 员工福利 ＋ 社会保险费 ＋ 住房公积金 － 预扣个人所得税。其中，员工工资是指员工应得的基本工资；员工福利是指公司为员工提供的各种福利，如奖金、津贴等；社会保险费是指公司为员工缴纳的社会保险费用，包括养老保险、医疗保险、失业保险、工伤保险和生育保险；住房公积金是指公司为员工缴纳的住房公积金;预扣个人所得税是指根据国家规定,公司预先扣除的员工应缴纳的个人所得税。

【代码实现】

(1) 引入 pandas 模块。

```
1    import pandas as pd
```

(2) 将"7-1 职工薪酬.xlsx"储存在所用程序路径下,同时读取职工薪酬数据。

```
1    file = '7-1 职工薪酬.xlsx'
2    df = pd.read_excel(file, sheet_name = '职工薪酬')
3    df.fillna(0,inplace = True)    #以 0 填充原表缺失值
4    print(df.head(5))    #查看职工薪酬前 5 行数据
```

运行结果

工号	姓名	部门	出勤天数	基本工资	绩效工资	津贴	社保缴纳基数	专项附加扣除	上期累计应纳税所得额	职工福利费	职工教育经费
01	王闻倩	销售部	20.00	18000.00	0.00	500.00	22000.00	2000.00	61485.00	500.00	0.00
02	朗豪	行政部	22.00	11000.00	0.00	200.00	10800.00		33511.00	500.00	0.00
03	汪亚婷	财务部	22.00	12000.00	0.00	200.00	11500.00	1000.00	33272.00	500.00	0.00
04	涂扉	行政部	18.00	9000.00	0.00	200.00	8800.00	1000.00	16194.00	500.00	0.00
05	杨露	生产部	20.00	10300.00	0.00	200.00	9800.00		18793.00	500.00	0.00

(3) 计算缺勤扣款及应发工资。

缺勤扣款 = 实际缺勤天数 × 日工资

日工资=基本工资 / 21.75

应发工资 = 基本工资 + 绩效工资 + 津贴 − 缺勤扣款

计算缺勤扣款、应发工资:

```
1    df['缺勤扣款'] = round(22 - df['出勤天数'] * df['基本工资'] / 21.75, 2)
2    df['应发工资'] = df['基本工资'] + df['绩效工资'] + df['津贴'] - df['缺勤扣款']
3    print(df.head())
```

运行结果

工号	姓名	部门	出勤天数	基本工资	绩效工资	津贴	社保缴纳基数	专项附加扣除	上期累计应纳税所得额	职工福利费	职工教育经费	缺勤扣款	应发工资
01	王闻倩	销售部	20.00	18000.00	0.00	500.00	22000.00	2000.00	61485.00	500.00	0.00	1655.17	16844.83
02	朗豪	行政部	22.00	11000.00	0.00	200.00	10800.00		33511.00	500.00	0.00	0.00	11200.00
03	汪亚婷	财务部	22.00	12000.00	0.00	200.00	11500.00	1000.00	33272.00	500.00	0.00	0.00	12200.00
04	涂扉	行政部	18.00	9000.00	0.00	200.00	8800.00	1000.00	16194.00	500.00	0.00	1655.17	7544.83
05	杨露	生产部	20.00	10300.00	0.00	200.00	9800.00		18793.00	500.00	0.00	947.13	9552.87

(4) 分别计算单位和个人承担的社保及住房公积金、三险一金(个人)、四险一金(单位)。(每个地区的缴纳基数上下限及缴纳比例都有不同的规定,本案例中的 15.2% 和

32.79%仅供参考。)

计算公式如下：

三险一金(个人)=社保缴纳基数×个人缴纳比例(15.2%)

四险一金(单位)=社保缴纳基数×个人缴纳比例(32.79%)

① 计算单位和个人承担的社保及住房公积金：

```
1  df['三险一金(个人)'] = round(df['社保缴纳基数'] * 0.152, 2)
2  df['四险一金(单位)'] = round(df['社保缴纳基数'] * 0.3279, 2)
3  print(df.head())
```

② 为便于查看提取"工号""姓名"，并提取"应发工资"项目至最后一列项目，用concat函数进行横向合并：

```
1  df1 = pd.concat([df['工号'],df['姓名'], df.loc[:,'应发工资':]], axis=1)
2  print(df.head())
```

运行结果

工号	姓名	应发工资	三险一金(个人)	四险一金(单位)
01	王闻倩	16844.83	3344.00	7213.80
02	郎豪	11200.00	1641.60	3541.32
03	汪亚婷	12200.00	1748.00	3770.85
04	涂犀	7544.83	1337.60	2885.52
05	杨露	9552.87	1489.60	3213.42

(5) 计算本期应纳税所得额及累计应纳税所得额。

本期应纳税所得额=应发工资-减除费用(5000)-三险一金-专项附加扣除

累计应纳税所得额=上期累计应纳税所得额+本期应纳税所得额

① 创建自定义函数，计算本期应纳税所得额(本期应纳税所得额小于0的，按0计算)。自定义应纳税所得额判断函数taxable：

```
1  def taxable (x):
2   if x > 0:
3    return x
4   else:
5    return 0
```

② 调用应纳税所得额判断函数taxable，计算本期应纳税所得额，并计算累计应纳税所得额。调用自定义应纳税所得额判断函数taxable：

```
1  df['本期应纳税所得额'] = (df['应发工资'] - 5000 - df['三险一金(个人)'] - df['专项附加扣除']).map(taxable)
2  df['累计应纳税所得额'] = df['上期累计应纳税所得额'] + df['本期应纳税所得额']
3  print(df.head())
4  df['本期应纳税所得额'] = (df['应发工资'] - 5000 - df['三险一金(个人)'] - df['专项附加扣除']).map(taxable)
```

为便于查看,提取工号、姓名、应发工资、累计应纳税所得额等数据。

```
1  df2 = pd.concat([df['工号'],df['姓名'], df.loc[:,'应发工资':]], axis = 1)
2  print(df2.head())
```

运行结果

工号	姓名	应发工资	三险一金(个人)	四险一金(单位)	本期应纳税所得额	累计应纳税所得额
01	王闻倩	16844.83	3344.00	7213.80	6500.83	67985.83
02	郎豪	11200.00	1641.60	3541.32	4558.40	38069.40
03	汪亚婷	12200.00	1748.00	3770.85	4452.00	37724.00
04	涂犀	7544.83	1337.60	2885.52	207.23	16401.23
05	杨露	9552.87	1489.60	3213.42	3063.27	21856.27

(6) 创建自定义 tax()函数,计算个人所得税。

表 7-1-2 个人所得税各税率表速算扣除数及适用范围个人所得税税率表一
(综合所得适用)

级数	全年应纳税所得额	税率/%	速算扣除数
1	不超过 36 000 元的部分	3	0
2	经过 36 000 元至 144 000 元的部分	10	2 520
3	超过 144 000 元至 300 000 元的部分	20	16 920
4	超过 300 000 元至 420 000 元的部分	25	31 920
5	超过 420 000 元至 660 000 元的部分	30	52 920
6	超过 660 000 元至 960 000 元的部分	35	85 920
7	超过 960 000 元的部分	45	181 920

根据个人所得税税率表(表 7-1-2),自定义 tax()函数,计算个人所得税。

```
1   def tax(x):
2       if x > 960000:
3           return round(x * 0.45 - 181920, 2)
4       elif x > 660000:
5           return round(x * 0.35 - 85920, 2)
6       elif x > 420000:
7           return round(x * 0.3 - 52920, 2)
8       elif x > 300000:
9           return round(x * 0.25 - 31920, 2)
10      elif x > 144000:
11          return round(x * 0.2 - 16920, 2)
12      elif x > 36000:
13          return round(x * 0.1 - 2520, 2)
14      else:
15          return round(x * 0.03, 2)
```

(7) 调用自定义的 tax() 函数,计算当月应纳税额。

当月应纳税额 ＝ 累计应纳税额 － 上期累计应纳税额

① 调用自定义的 tax() 函数:

```
1  df['上期累计应纳税额'] = df['上期累计应纳税所得额'].map(tax)
2  df['累计应纳税额'] = df['累计应纳税所得额'].map(tax)
3  df['当月应纳税额'] = df['累计应纳税额'] - df['上期累计应纳税额']
4  print(df.head())
```

② 为便于查看,提取工号、姓名、应发工资、当月应纳税额等数据。

```
1  df3 = pd.concat([df['工号'], df['姓名'], df.loc[:,'应发工资':]], axis = 1)
2  print(df3.head())
```

运行结果

工号	姓名	应发工资	三险一金（个人）	四险一金（单位）	本期应纳税所得额	累计应纳税所得额	上期累计应纳税额	累计应纳税额	当月应纳税额
1	王闻倩	16844.83	3344	7213.8	6500.83	67985.83	3628.5	4278.58	650.08
2	朗豪	11200	1641.6	3541.32	4558.4	38069.4	1005.33	1286.94	281.61
3	汪亚婷	12200	1748	3770.85	4452	37724	998.16	1252.4	254.24
4	涂犀	7544.83	1337.6	2885.52	207.23	16401.23	485.82	492.04	6.22
5	杨露	9552.87	1489.6	3213.42	3063.27	21856.27	563.79	655.7	91.91

(8) 计算个人实发工资。

实发工资＝应发工资－三险一金(个人)－当月应纳税额

计算实发工资:

```
1  df['实发工资'] = df['应发工资'] - df['三险一金(个人)'] - df['当月应纳税额']
2  print(df.head())
```

为便于查看,提取工号、姓名、实发工资、当月应纳税额等数据。

```
1  df4 = pd.concat([df['工号'],df['姓名'], df.loc[:, '应发工资':]], axis = 1)
2  print(df4.head())
```

运行结果

工号	姓名	应发工资	三险一金（个人）	四险一金（单位）	本期应纳税所得额	累计应纳税所得额	上期累计应纳税额	累计应纳税额	当月应纳税额	实发工资
01	王闻倩	16844.83	3344.00	7213.80	6500.83	67985.83	3628.50	4278.58	650.08	12850.75
02	朗豪	11200.00	1641.60	3541.32	4558.40	38069.40	1005.33	1286.94	281.61	9276.79
03	汪亚婷	12200	1748.00	3770.85	4452.00	37724.00	998.16	1252.40	254.24	10197.76
04	涂犀	7544.83	1337.60	2885.52	207.23	16401.23	485.82	492.04	6.22	6201.01
05	杨露	9552.87	1489.60	3213.42	3063.27	21856.27	563.79	655.70	91.91	7971.36

(9) 将计算结果保存为 Excel 文件,命名为"2023 年 6 月薪酬数据明细.xlsx"。

```
1  df.to_excel('2023年6月薪酬数据明细.xlsx')
#利用to_excel()将计算结果输出到Excel中,便于数据整理与分析
2  print(df.head())
```

小结

薪酬计算对于企业的重要意义是很明显的,能够提高企业运营效率,明确员工的工作职责和目标,提供明确的激励和强调绩效的考核机制,而财务软件系统对这个企业价值链上的重要环节提供特别支持。原来计算一笔工资薪金需一张张地翻文件或者翻账本,使用大数据与 Python 后,只要输入对应的函数代码就可以快速地查出来,并且能及时清晰地反映出团队收支情况。其不仅有利于强化应发薪酬款项的管理,加速资金周转,提高企业的经济效益,而且还有利于企业营造高增加值的价值链。

1.2 分析企业职工薪酬

薪酬分析,简单地说,就是要告诉老板:薪酬总共多少?和以往相比有什么变化?和预算相比有什么变化?所要回答的薪酬问题聚焦在"钱都花到哪里了"。这部分的分析一般根据企业管理或业务类型的不同而有所选择,通常围绕"人员""结构""部门"等维度展开。从企业的角度分析薪酬效益,如薪酬总额占收入额的比例,在此基础上,可深入分析薪酬效益问题,如人均薪酬收入产出比、部门人均薪酬收入产出比等。此外,薪酬分析还需要考虑到法律法规和公司的财务状况等因素,以确保薪资调整的合法性和可行性。

【应用案例】

NOTE 公司内部管理人员想了解该单位的工资构成情况,财务人员按照图 7-1-2 所示的职工薪酬税前扣除标准,对 2023 年 6 月的职工薪酬进行相关数据处理,同时分别从部门、职工薪酬项目等维度对薪酬数据进行深入分析,以便于掌握情况。

项目	准予扣除的限度	超过规定部分处理
职工福利费	不超过工资薪金总额 14% 的部分	不得扣除
工会经费	不超过工资薪金总额 2% 的部分	不得扣除
职工教育经费	2018 年 1 月 1 日起,不超过工资薪金总额 8% 的部分	准予在以后纳税年度结转扣除

图 7-1-2 各费用准予扣除限度

思路分析

从部门维度、职工薪酬项目维度两个方面汇总职工薪酬支出,便于以可视化图表呈现。

【代码实现】

(1) 引入 pandas 模块。

```
1  import pandas as pd
```

(2) 读取上面的计算结果,即"2023 年 6 月薪酬数据明细"表格。

```
1  file = '2023年6月薪酬数据明细.xlsx'
2  df = pd.read_excel(file)
3  df.fillna(0, inplace = True)    #以0填充原表缺失值
4  print(df.head(5))               #查看职工薪酬前5行数据
```

(3) 计算工会经费。

工会经费＝应发工资×2%,保留关键数据即可。

```
1  df['工会经费'] = round(df['应发工资'] * 0.02, 2)
2  df5 = pd.concat([df['工号'], df.loc[:, '应发工资':]], axis = 1)
#提取"工号",并提取"应发工资"项目至最后一列项目,用concat函数进行横向拼接
3  print(df5.head(5))              #预览前5行数据
```

运行结果

工号	姓名	应发工资	三险一金(个人)	四险一金(单位)	本期应纳税所得额	累计应纳税所得额	上期累计应纳税额	累计应纳税额	当月应纳税额	实发工资	工会经费
01	王闻倩	16844.83	3344.00	7213.80	6500.83	97985.83	3628.50	4278.58	650.08	12850.75	336.90
02	朗豪	11200.00	1641.60	3541.32	4558.40	38069.40	1005.33	1286.94	281.61	9276.79	224.00
03	汪亚婷	12200.00	1748.00	3770.85	4452.00	37724.00	998.16	1252.40	254.24	10197.76	244.00
04	涂犀	7544.83	1337.60	2885.52	207.23	16401.23	485.82	492.04	6.22	6201.01	150.90
05	杨露	9552.87	1489.60	3213.42	3063.27	21856.27	563.79	655.70	91.91	7971.36	191.06

(4) 按部门分析职工薪酬,提取工号、部门、应发工资、工会经费、职工福利费、职工教育经费等数据。

```
1  salary = df[['工号','部门','应发工资','四险一金(单位)','工会经费','职工福利费','职工教育经费']]
2  print(salary)
```

运行结果

工号	部门	应发工资	四险一金(单位)	工会经费	职工福利费	职工教育经费
01	销售部	16844.83	7213.80	336.90	500.00	0.00
02	行政部	11200.00	3541.32	224.00	500.00	0.00
03	财务部	12200.00	3770.85	244.00	500.00	0.00
04	行政部	7544.83	2885.52	150.90	500.00	0.00
05	生产部	9552.87	3213.42	191.06	500.00	0.00

(5) 按部门分析职工薪酬，汇总公司数据。

```
1  pd_class = salary.pivot_table(index = '部门', aggfunc = 'sum')
```
#新建薪酬分析表pd_class,以部门为索引,用pivot_table函数对员工薪酬表salary进行数据透视并加总计算
```
2  pd_class['薪酬合计'] = pd_class['应发工资'] + pd_class['四险一金(单位)'] + pd_class ['工会经费'] + pd_class['职工福利费'] + pd_class['职工教育经费']
```
#计算pd_class薪酬合计数,薪酬合计=应发工资+四险一金(单位)+工会经费+职工福利费+职工教育经费
```
3  print(pd_class)
```

运行结果

部门	四险一金（单位）	工会经费	应发工资	职工教育经费	职工福利费	薪酬合计
生产部	33544.17	1892.01	94601.14	6400	500	136937.32
行政部	10099.32	487.80	24389.66	0	1000	35976.78
财务部	7312.17	468.00	23400.00	0	500	31680.17
销售部	16985.22	1061.45	53072.42	0	2000	73119.09

(6) 计算各部门的职工薪酬支出占总的职工薪酬支出的比例。

创建自定义formatPercent函数进行%格式转换,按百分比输出职工薪酬支出占总的职工薪酬支出的比例。

自定义formatPercent()函数,正确调用该函数。

```
1  def formatPercent(x):
2    return "{:.2f}%".format(x * 100)
3  pd_class_all = pd_class['薪酬合计'].sum()
```
#用人总成本pd_class_all=生产部薪酬合计+行政部薪酬合计+销售部薪酬合计+财务部薪酬合计
```
4  pd_class['占比'] = (pd_class['薪酬合计'] / pd_class_all).map(formatPercent)
```
#计算各个部门"薪酬合计"项目占用人总成本的比例,并用map函数调用formatPercent函数进行%格式转换
```
5  print(pd_class)
```

运行结果

部门	四险一金（单位）	工会经费	应发工资	职工教育经费	职工福利费	薪酬合计	占比
生产部	33544.17	1892.01	94601.14	6400	0	136937.32	49.31%
行政部	10099.32	487.80	24389.66	0	1000	35976.78	12.95%

续表

部门	四险一金（单位）	工会经费	应发工资	职工教育经费	职工福利费	薪酬合计	占比
财务部	7312.17	468.00	23400.00	0	1000	31680.17	11.41%
销售部	16985.22	1061.45	53072.42	0	1500	73119.09	26.33%

（7）按照职工薪酬项目汇总公司的职工薪酬支出。

```
1  pd_sum = salary.pivot_table(index = '部门', aggfunc = 'sum',margins = True, margins_name = '合计').T
2  print(pd_sum)
```

运行结果

部门	生产部	行政部	财务部	销售部	合计
四险一金(单位)	33544.17	10099.32	7312.17	16985.22	67940.88
工会经费	1892.01	487.80	468.00	1061.45	3909.26
应发工资	94601.14	24389.66	23400.00	53072.42	195463.22
职工教育经费	6400.00	0.00	0.00	0.00	6400.00
职工福利费	0.00	1000.00	1000.00	1500.00	3500.00

（8）计算pd_sum各薪酬类别"合计"项目支出占用人总成本的比例，并用map函数调用formatPercent()函数进行%格式转换。

```
1  pd_sum_all = pd_sum['合计'].sum()
2  pd_sum['占比'] = (pd_sum['合计'] / pd_sum_all).map(formatPercent)
3  print(pd_sum)
```

运行结果

部门	生产部	行政部	财务部	销售部	合计	占比
四险一金(单位)	33544.17	10099.32	7312.17	16985.22	67940.88	24.51%
工会经费	1892.01	487.80	468.00	1061.45	3909.26	1.41%
应发工资	94601.14	24389.66	23400.00	53072.42	195463.22	70.51%
职工教育经费	6400.00	0.00	0.00	0.00	6400.00	2.31%
职工福利费	0.00	1000.00	1000.00	1500.00	3500.00	1.26%

2. 收入与发票核对

企业日常经营管理过程中，销售业务、采购业务、费用报销、会计核算、税务核算和纳税申报等工作都与发票息息相关，发票管理是企业财税管理的基础工作，也是企业涉税风险管理的源头。企业加强发票管理，有利于提升内外部协同工作效率，规范财务信息的质量。而日常经营过程中，发票及记账凭证具有内容烦琐、种类繁多的特点，这个时候大数据 Python 就可以发挥其数据价值，形成数据汇聚、科学完善的发票管理模式，可以对企业的经营活动进行实时有效的监督，及时纠正税收方面的违规行为，保障企业的合法经营。

【应用案例】

2023 年 7 月，NOTE 公司财务部门从企业的账务及票据管理系统导出 2023 年 1 月—6 月的收入记账凭证，如表 7-1-3 所示。该期间的发票明细数据如表 7-1-4 所示。现在根据案例背景将核算系统确认的收入数据与开票数据进行逐一核对并找出差异，查明原因。

表 7-1-3 2023 年 1 月—6 月收入记账凭证

科目代码	科目名称	客户名称	日期	凭证号	摘要	借方	贷方
60010101	主营业务收入－开票收入	北京京倍制造有限公司	2023-1-3				4360195.45
60010101	主营业务收入－开票收入	北京鑫联机电有限公司	2023-1-16				2884938.12
60010201	主营业务收入－开票收入	北京京倍制造有限公司	2023-1-16				199999
60010101	主营业务收入－开票收入	北京原晶电子有限公司	2023-1-17				2094825.36
60010101	主营业务收入－开票收入	上海光光商贸有限公司	2023-1-18				1942093.75
60010101	主营业务收入－开票收入	天津久创商贸有限公司	2023-1-19				1649447.03
60010101	主营业务收入－无票收入	北京美好电器有限公司	2023-1-20				1020000
60510101	其他业务收入－开票收入	北京原晶电子有限公司	2023-3-15				4189039.65
60510101	其他业务收入－开票收入	北京鑫联机电有限公司	2023-3-16				4956366.69
60010101	主营业务收入－开票收入	北京鑫联机电有限公司	2023-3-18				1766969.47
60010101	主营业务收入－无票收入	北京鑫联机电有限公司	2023-3-18				175145
60010101	主营业务收入－开票收入	北京美好电器有限公司	2023-3-20				1323123
60010101	主营业务收入－开票收入	北京京倍制造有限公司	2023-3-21				1740000
60010201	主营业务收入－无票收入	北京京倍制造有限公司	2023-1-16				－199999

续表

科目代码	科目名称	客户名称	日期	凭证号	摘要	借方	贷方
60010101	主营业务收入－开票收入	北京京倍制造有限公司	2023-1-16				199999
60010101	主营业务收入－开票收入	天津联奇制造有限公司	2023-3-23				138.78
60010101	主营业务收入－开票收入	天津联奇制造有限公司	2023-3-24				1278.07
60010101	主营业务收入－开票收入	天津联奇制造有限公司	2023-3-25				127865.14
60010101	主营业务收入－开票收入	天津联奇制造有限公司	2023-4-15				65730947.4
60010201	主营业务收入－无票收入	北京基成有限公司	2023-4-16				12557128.43
60010101	主营业务收入－开票收入	北京智美酒店有限公司	2023-6-5				12124124

表 7-1-4　2023 年 1 月—6 月发票明细

发票代码	发票号码	商品名称等	开票日期	购方名称	购方税号	开票金额	税率	税额	作废
			2023-1-1	北京京倍制造有限公司		1740000.00	13%	226200	
			2023-1-1	北京京倍制造有限公司		4560194.45	13%	592825.28	
			2023-1-15	北京鑫联机电有限公司		2884938.12	13%	375041.96	
			2023-1-16	北京原晶电子有限公司		2094825.36	13%	272327.3	
			2023-1-17	上海光光商贸有限公司		1942093.75	13%	252472.19	
			2023-1-18	天津久创商贸有限公司		16494470.33	13%	2144281.14	2023-1-18
			2023-1-18	天津久创商贸有限公司		1649447.03	13%	214428.11	
			2023-1-19	北京美好电器有限公司		1020000	13%	132600	
			2023-3-14	北京鑫联机电有限公司		4956366.69	13%	644327.67	
			2023-3-15	北京原晶电子有限公司		4189039.65	13%	544575.15	
			2023-3-16	北京鑫联机电有限公司		1766969.47	13%	229706.03	

续表

发票代码	发票号码	商品名称等	开票日期	购方名称	购方税号	开票金额	税率	税额	作废
			2023-3-17	天津久创商贸有限公司		1651518.46	13%	214697.4	
			2023-3-18	北京美好电器有限公司		1323123	13%	172005.99	
			2023-3-19	天津联奇制造有限公司		138.78	13%	18.04	
			2023-3-20	天津联奇制造有限公司		1278.07	13%	166.15	
			2023-4-14	天津联奇制造有限公司		127865.14	13%	16622.47	
			2023-4-15	天津联奇制造有限公司		65730947.4	13%	8545023.16	
			2023-6-3	北京智美酒店有限公司		12124124	13%	1576136.12	

【代码实现】

（1）导入 pandas、warnings 模块，将数据输出格式设置为保留 2 位小数。

```
1  import pandas as pd  #导入pandas模块
2  import warnings
3  warnings.filterwarnings("ignore")
4  pd.options.display.float_format = '{:.2f}'.format
```

（2）将原始数据表 7-1-3 数据存放在程序所在路径下，分别读取账务系统导出的收入凭证数据和开票系统导出的发票明细数据。

```
1  file = '收入与发票数据.xlsx'
2  dfj = pd.read_excel(file, sheet_name = '收入记账凭证')
3  dfj.fillna(0, inplace = True)  #将缺失值填充为0
4  print(dfj)
```

运行结果

序号	科目代码	科目名称	客户名称	日期	凭证号	摘要	借方	贷方
0	60010101	主营业务收入—开票收入	北京京倍制造有限公司	2023-1-3	0.00	0.00	0.00	4360195.45
1	60010101	主营业务收入—开票收入	北京鑫联机电有限公司	2023-1-16	0.00	0.00	0.00	2884938.12
2	60010201	主营业务收入—开票收入	北京京倍制造有限公司	2023-1-16	0.00	0.00	0.00	199999.00

续表

序号	科目代码	科目名称	客户名称	日期	凭证号	摘要	借方	贷方
3	60010101	主营业务收入－开票收入	北京原晶电子有限公司	2023-1-17	0.00	0.00	0.00	2094825.36
4	60010101	主营业务收入－开票收入	上海光光商贸有限公司	2023-1-18	0.00	0.00	0.00	1942093.75
5	60010101	主营业务收入－开票收入	天津久创商贸有限公司	2023-1-19	0.00	0.00	0.00	1649447.03
6	60010101	主营业务收入－无票收入	北京美好电器有限公司	2023-1-20	0.00	0.00	0.00	1020000.00
7	60510101	其他业务收入－开票收入	北京原晶电子有限公司	2023-3-15	0.00	0.00	0.00	4189039.65
8	60510101	其他业务收入－开票收入	北京鑫联机电有限公司	2023-3-16	0.00	0.00	0.00	4956366.69
9	60010101	主营业务收入－开票收入	北京鑫联机电有限公司	2023-3-18	0.00	0.00	0.00	1766969.47
10	60010101	主营业务收入－无票收入	北京鑫联机电有限公司	2023-3-18	0.00	0.00	0.00	175145.00
11	60010101	主营业务收入－开票收入	北京美好电器有限公司	2023-3-20	0.00	0.00	0.00	1323123.00
12	60010101	主营业务收入－开票收入	北京京倍制造有限公司	2023-3-21	0.00	0.00	0.00	1740000.00
13	60010201	主营业务收入－无票收入	北京京倍制造有限公司	2023-1-16	0.00	0.00	0.00	－199999.00
14	60010101	主营业务收入－开票收入	北京京倍制造有限公司	2023-1-16	0.00	0.00	0.00	199999.00
15	60010101	主营业务收入－开票收入	天津联奇制造有限公司	2023-3-23	0.00	0.00	0.00	138.78
16	60010101	主营业务收入－开票收入	天津联奇制造有限公司	2023-3-24	0.00	0.00	0.00	1278.07
17	60010101	主营业务收入－开票收入	天津联奇制造有限公司	2023-3-25	0.00	0.00	0.00	127865.14
18	60010101	主营业务收入－开票收入	天津联奇制造有限公司	2023-4-15	0.00	0.00	0.00	65730947.40
19	60010201	主营业务收入－无票收入	北京基成有限公司	2023-4-16	0.00	0.00	0.00	12557128.43
20	60010101	主营业务收入－开票收入	北京智美酒店有限公司	2023-6-5	0.00	0.00	0.00	12124124.00

读取发票的明细数据：

```
1  dft = pd.read_excel(file, sheet_name='开票数据')
```

```
2  dft.fillna(0,inplace = True)    #将缺失值填充为0
3  print(dft)
```

运行结果

序号	发票代码	发票号码	商品名称等	开票日期	购方名称	购方税号	开票金额	税率	税额	作废
0	0.00	0.00	0.00	2023-1-1	北京京倍制造有限公司	0.00	1740000	13%	226200	0.00
1	0.00	0.00	0.00	2023-1-1	北京京倍制造有限公司	0.00	4560194.45	13%	592825.28	0.00
2	0.00	0.00	0.00	2023-1-15	北京鑫联机电有限公司	0.00	2884938.12	13%	375041.96	0.00
3	0.00	0.00	0.00	2023-1-16	北京原晶电子有限公司	0.00	2094825.36	13%	272327.3	0.00
4	0.00	0.00	0.00	2023-1-17	上海光光商贸有限公司	0.00	1942093.75	13%	252472.19	0.00
5	0.00	0.00	0.00	2023-1-18	天津久创商贸有限公司	0.00	16494470.33	13%	2144281.14	2021-1-18
6	0.00	0.00	0.00	2023-1-18	天津久创商贸有限公司	0.00	1649447.03	13%	214428.11	0.00
7	0.00	0.00	0.00	2023-1-19	北京美好电器有限公司	0.00	1020000	13%	132600	0.00
8	0.00	0.00	0.00	2023-3-14	北京鑫联机电有限公司	0.00	4956366.69	13%	644327.67	0.00
9	0.00	0.00	0.00	2023-3-15	北京原晶电子有限公司	0.00	4189039.65	13%	544575.15	0.00
10	0.00	0.00	0.00	2023-3-16	北京鑫联机电有限公司	0.00	1766969.47	13%	229706.03	0.00
11	0.00	0.00	0.00	2023-3-17	天津久创商贸有限公司	0.00	1651518.46	13%	214697.4	0.00
12	0.00	0.00	0.00	2023-3-18	北京美好电器有限公司	0.00	1323123	13%	172005.99	0.00
13	0.00	0.00	0.00	2023-3-19	天津联奇制造有限公司	0.00	138.78	13%	18.04	0.00
14	0.00	0.00	0.00	2023-3-20	天津联奇制造有限公司	0.00	1278.07	13%	166.15	0.00
15	0.00	0.00	0.00	2023-4-14	天津联奇制造有限公司	0.00	127865.14	13%	16622.47	0.00
16	0.00	0.00	0.00	2023-4-15	天津联奇制造有限公司	0.00	65730947.4	13%	8545023.16	0.00
17	0.00	0.00	0.00	2023-6-3	北京智美酒店有限公司	0.00	12124124	13%	1576136.12	0.00

（3）根据背景资料，筛选收入记账凭证，保留科目名称包含开票收入的记账凭证，同时计算凭证金额。

```
1  dfj1 = dfj[dfj['科目名称'].str.contains('开票收入')]
2  #计算凭证金额(贷方-借方)
   dfj1['凭证金额'] = dfj1['贷方']-dfj1['借方']
3  print(dfj1)
```

运行结果

序号	科目代码	科目名称	客户名称	日期	凭证号	摘要	借方	贷方	凭证金额
0	60010101	主营业务收入－开票收入	北京京倍制造有限公司	2023-1-3	0.00		0.00	4360195.45	4360195.45
1	60010101	主营业务收入－开票收入	北京鑫联机电有限公司	2023-1-16	0.00		0.00	2884938.12	2884938.12
2	60010201	主营业务收入－开票收入	北京京倍制造有限公司	2023-1-16	0.00		0.00	199999.00	199999.00
3	60010101	主营业务收入－开票收入	北京原晶电子有限公司	2023-1-17	0.00		0.00	2094825.36	2094825.36
4	60010101	主营业务收入－开票收入	上海光光商贸有限公司	2023-1-18	0.00		0.00	1942093.75	1942093.75
5	60010101	主营业务收入－开票收入	天津久创商贸有限公司	2023-1-19	0.00		0.00	1649447.03	1649447.03
6	60510101	其他业务收入－开票收入	北京原晶电子有限公司	2023-3-15	0.00		0.00	4189039.65	4189039.65
7	60510101	其他业务收入－开票收入	北京鑫联机电有限公司	2023-3-16	0.00		0.00	4956366.69	4956366.69
8	60010101	主营业务收入－开票收入	北京鑫联机电有限公司	2023-3-18	0.00		0.00	1766969.47	1766969.47
9	60010101	主营业务收入－开票收入	北京美好电器有限公司	2023-3-20	0.00		0.00	1323123.00	1323123.00
10	60010101	主营业务收入－开票收入	北京京倍制造有限公司	2023-3-21	0.00		0.00	1740000.00	1740000.00
11	60010101	主营业务收入－开票收入	北京京倍制造有限公司	2023-1-16	0.00		0.00	199999.00	199999.00
12	60010101	主营业务收入－开票收入	天津联奇制造有限公司	2023-3-23	0.00		0.00	138.78	138.78
13	60010101	主营业务收入－开票收入	天津联奇制造有限公司	2023-3-24	0.00		0.00	1278.07	1278.07
14	60010101	主营业务收入－开票收入	天津联奇制造有限公司	2023-3-25	0.00		0.00	127865.14	127865.14

续表

序号	科目代码	科目名称	客户名称	日期	凭证号	摘要	借方	贷方	凭证金额
15	60010101	主营业务收入—开票收入	天津联奇制造有限公司	2023-4-15	0.00	0.00	0.00	65730947.40	65730947.40
16	60010101	主营业务收入—开票收入	北京智美酒店有限公司	2023-6-5	0.00	0.00	0.00	12124124.00	12124124.00

（4）根据背景资料，对开票系统的发票明细数据进行筛选，去除作废发票，只保留正常开具的发票数据。

```
1  dft1 = dft[dft['作废'] == 0]
2  print(dft1)
```

运行结果

序号	发票代码	发票号码	商品名称等	开票日期	购方名称	购方税号	开票金额	税率	税额
0	0.00	0.00	0.00	2023-1-1	北京京倍制造有限公司	0.00	1740000	13%	226200
1	0.00	0.00	0.00	2023-1-1	北京京倍制造有限公司	0.00	4560194.45	13%	592825.28
2	0.00	0.00	0.00	2023-1-15	北京鑫联机电有限公司	0.00	2884938.12	13%	375041.96
3	0.00	0.00	0.00	2023-1-16	北京原晶电子有限公司	0.00	2094825.36	13%	272327.3
4	0.00	0.00	0.00	2023-1-17	上海光光商贸有限公司	0.00	1942093.75	13%	252472.19
5	0.00	0.00	0.00	2023-1-18	天津久创商贸有限公司	0.00	1649447.03	13%	214428.11
6	0.00	0.00	0.00	2023-1-19	北京美好电器有限公司	0.00	1020000	13%	132600
7	0.00	0.00	0.00	2023-3-14	北京鑫联机电有限公司	0.00	4956366.69	13%	644327.67
8	0.00	0.00	0.00	2023-3-15	北京原晶电子有限公司	0.00	4189039.65	13%	544575.15
9	0.00	0.00	0.00	2023-3-16	北京鑫联机电有限公司	0.00	1766969.47	13%	229706.03
10	0.00	0.00	0.00	2023-3-17	天津久创商贸有限公司	0.00	1651518.46	13%	214697.4
11	0.00	0.00	0.00	2023-3-18	北京美好电器有限公司	0.00	1323123	13%	172005.99
12	0.00	0.00	0.00	2023-3-19	天津联奇制造有限公司	0.00	138.78	13%	18.04
13	0.00	0.00	0.00	2023-3-20	天津联奇制造有限公司	0.00	1278.07	13%	166.15
14	0.00	0.00	0.00	2023-4-14	天津联奇制造有限公司	0.00	127865.14	13%	16622.47
15	0.00	0.00	0.00	2023-4-15	天津联奇制造有限公司	0.00	65730947.4	13%	8545023.16
16	0.00	0.00	0.00	2023-6-3	北京智美酒店有限公司	0.00	12124124	13%	1576136.12

（5）比较收入记账凭证数据和开票数据的差异。

① 将收入记账凭证的"凭证金额"列按客户名称进行透视汇总。

```
1  dfj2 = pd.pivot_table(dfj1,index = ['客户名称'],values = ['凭证金额'],aggfunc = 'sum').reset_index()
```

```
2  print(dfj2)
```

运行结果

序号	客户名称	凭证金额
0	上海光光商贸有限公司	1942093.75
1	北京京倍制造有限公司	6500193.45
2	北京智美酒店有限公司	12124124.00
3	北京原晶电子有限公司	6283865.01
4	北京美好电器有限公司	1323123.00
5	北京鑫联机电有限公司	9608274.28
6	天津联奇制造有限公司	65860229.39
7	天津久创商贸有限公司	1649447.03

② 将开票数据的"开票金额"列按购方名称进行透视汇总。

```
1  dft2 = pd.pivot_table(dft1,index = ['购方名称'],values = ['开票金额'],aggfunc = 'sum').reset_index()
2  print(dft2)
```

运行结果

序号	购方名称	开票金额
0	上海光光商贸有限公司	1942093.75
1	北京京倍制造有限公司	6300194.45
2	北京智美酒店有限公司	12124124.00
3	北京原晶电子有限公司	6283865.01
4	北京美好电器有限公司	2343123.00
5	北京鑫联机电有限公司	9608274.28
6	天津联奇制造有限公司	65860229.39
7	天津久创商贸有限公司	3300965.49

③ 将"凭证金额"和"开票金额"按客户进行连接、比对。

```
1  diff = dfj2.merge(dft2,how = 'outer',left_on = '客户名称', right_on = '购方名称')
2  diff['差异金额'] = diff['凭证金额']-diff['开票金额']
3  print(diff)
```

运行结果

序号	客户名称	凭证金额	购方名称	开票金额	差异金额
0	上海光光商贸有限公司	1942093.75	上海光光商贸有限公司	1942093.75	0.00

续表

序号	客户名称	凭证金额	购方名称	开票金额	差异金额
1	北京京倍制造有限公司	6500193.45	北京京倍制造有限公司	6300194.45	199999.00
2	北京智美酒店有限公司	12124124.00	北京智美酒店有限公司	12124124.00	0.00
3	北京原晶电子有限公司	6283865.01	北京原晶电子有限公司	6283865.01	0.00
4	北京美好电器有限公司	1323123.00	北京美好电器有限公司	2343123.00	−1020000.00
5	北京鑫联机电有限公司	9608274.28	北京鑫联机电有限公司	9608274.28	0.00
6	天津联奇制造有限公司	65860229.39	天津联奇制造有限公司	65860229.39	0.00
7	天津久创商贸有限公司	1649447.03	天津久创商贸有限公司	3300965.49	−1651518.46

（6）找到差异金额不为 0 的客户，将原始数据按开票金额匹配（以北京美好电器有限公司为例）。

```
1  #将客户名称使用 dfj2 保存
dfj2 = dfj1[dfj1['客户名称'] == '北京美好电器有限公司']
2  #将购方名称使用 dft2 保存
dft2 = dft1[dft1['购方名称'] == '北京美好电器有限公司']
3  #将客户名称与购方名称进行数据连接，并使用 diff1 保存
diff1 = dfj2.merge(dft2, how = 'outer', left_on = '凭证金额', right_on = '开票金额')
4  #输出链接结果 diff1
print(diff1)
```

运行结果

序号	科目代码	科目名称	客户名称	日期	凭证号	摘要	借方	贷方	凭证金额	发票代码	发票号码	商品名称	开票日期	购方名称	购方税号	开票金额	税率	税额	作废
0	60010101	主营业务收入—开票收入	北京美好电器有限公司	2023-3-20	0.00	0.00	0.00	1323123.00	1323123.00	0.00	0.00	0.00	2023-3-18	北京美好电器有限公司	0.00	1323123	0.13	172005.99	0
1	NaN	NaN	NaN	NaT	nan	nan	nan	nan	nan	0.00	0.00	0.00	2023-1-19	北京美好电器有限公司	0.00	1020000	0.13	132600	0

（7）设置判断的条件，输出所有差异金额不为 0 的客户的原始数据。

```
1  for index, row in diff[(diff['差异金额']>0.001)|(diff['差异金额']<-0.001)].iterrows():
#设置判断条件，当差异金额不为 0 时进行判断
2  dfj3 = dfj1[dfj1['客户名称'] == row['客户名称']]
#将客户名称使用 dfj3 保存
3  dft3 = dft1[dft1['购方名称'] == row['购方名称']]
#将购方名称使用 dft3 保存
4  diff2 = dfj3.merge(dft3, how = 'outer', left_on = '凭证金额', right_on = '开票金额')
#将客户名称与购方名称进行数据连接，并使用 diff2 保存
5  print(diff2)        #输出链接结果 diff2
```

运行结果

序号	科目代码	科目名称	客户名称	日期	凭证号	摘要	借方	贷方	凭证金额	发票代码	发票号码	商品名称	开票日期	购方名称	购方税号	开票金额	税率	税额	作废
0	60010101	主营业务收入一开票收入	北京美好电器有限公司	2023-3-20	0.00	0.00	0.00	1323123.00	1323123.00	0.00	0.00	0.00	2023-3-18	北京美好电器有限公司	0.00	1649447.03	0.13	214428.11	0
1	NaN	NaN	NaN	NaT	nan	nan	nan	nan	nan	0.00	0.00	0.00	2023-3-17	北京美好电器有限公司	0.00	1651518.46	0.13	214697.4	0

基于输出结果,NOTE 公司对北京美好电器有限公司的差额数据进行核实,发现有一笔金额为 1020000.00 元的业务,其发票未及时附入原始凭证中,查明原因后找到相关经办人,及时进行调整处理。

小结

实际工作中,账簿、凭证特别是交易过程中开出和收到的发票,不仅是企业业务往来的记录,还是税务检查的主要对象,纳税人应该按规定设置、妥善保管。会计财务都离不开和数据打交道,对于这种流程烦琐、机械重复的工作场景,最适合用 Python 自动化办公技术+人工智能技术来解决。大数据 Python 能够释放大部分用于数据处理的人力,减少重复性工作,有助于财务人员提升财务管理能力和数据处理能力,以及分析经营相关数据,并能帮助企业洞察市场,预测趋势,实现更加高效、科学、精准的决策。财务人员可以从烦琐枯燥的基础业务工作中解放出来,专注于更有价值的工作。

3. 固定资产折旧税收筹划

《中华人民共和国企业所得税法》规定:"在计算应纳税所得额时,企业按照规定计算的固定资产折旧,准予扣除。"企业应当根据固定资产的性质和使用情况,合理确定固定资产的预计净残值。固定资产的预计净残值一经确定,不得变更。企业拥有并使用符合上述规定条件的固定资产采取加速折旧方法的,可以采用双倍余额递减法或者年数总和法。加速折旧方法一经确定,一般不得变更。具体可以从折旧方法的选择、折旧年限的估计和净残值的确定等方面进行筹划,这对企业的利润有着至关重要的影响。今天我们就来看看如何利用固定资产折旧进行税收筹划。

【应用案例】

NOTE 公司使用年限平均法计提固定资产折旧,其截至 2023 年 6 月的固定资产清单如表 7-1-5 所示(选取其中部分数据进行分析),请计算 NOTE 公司 7 月份的固定资产折旧及账面价值。

表 7-1-5 固定资产清单

资产编号	资产名称	类别	数量	单位	使用部门	购置日期	原值	期初累计折旧	减值准备	使用状态	预计使用年限	预计残值率
1010001	教学楼	房屋建筑物	1	栋	行政部	2018-8-12	5 000 000	448 611.11		正常使用	30	5%
1010002	报告厅	房屋建筑物	1	栋	生产部	2019-1-12	2 000 000	153 055.56		改建	30	5%
1020001	空气压缩机	生产设备	1	台	生产部	2018-9-20	680 000	177 650.00	50 000	正常使用	10	5%

续表

资产编号	资产名称	类别	数量	单位	使用部门	购置日期	原值	期初累计折旧	减值准备	使用状态	预计使用年限	预计残值率
1020002	发电机	生产设备	1	台	生产部	2018-10-4	200 000	50 666.67		闲置	10	5%
1020003	热成型机	生产设备	1	台	生产部	2019-2-28	3 300 00	73 150.00		正常使用	10	5%
1020004	金属切削机	生产设备	1	台	生产部	2018-11-3	34 000	8 344.17		正常使用	10	5%
1020005	成缆机组	生产设备	1	台	生产部	2019-1-25	98 000	22 499.17		正常使用	5	3%
1030001	台式电脑	电子设备	1	台	行政部	2018-8-22	4 000	2 198.67		正常使用	5	3%
1030002	台式电脑	电子设备	1	台	销售部	2018-9-15	6 000	3 201.00		报废	5	3%
1030003	笔记本电脑	电子设备	1	台	财务部	2020-6-17	8 000	1 552.00		正常使用	5	3%
1030004	笔记本电脑	电子设备	1	台	财务部	2020-6-17	8 000	1 552.00		正常使用	5	3%
1030005	笔记本电脑	电子设备	1	台	采购部	2018-10-20	6 000	3 104.00		正常使用	5	3%
1040001	丰田汽车	运输设备	1	辆	行政部	2018-6-20	50 000	28 500.00		正常使用	5	5%

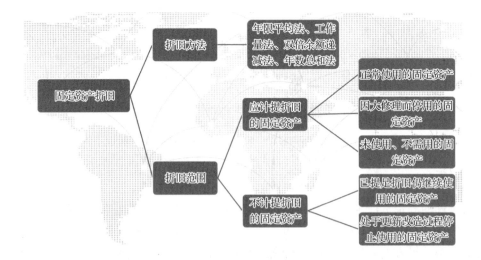

图 7-1-3　固定资产折旧分析

【代码实现】

（1）引入 pandas、datetime 模块。

```
1  import pandas as pd
2  import datetime as dt
```

（2）读取固定资产清单表（文件路径为：'固定资产清单.xlsx'，第 1 个 sheet：固定资产清单）。

```
1  file = '固定资产清单.xlsx'
   capex = pd.read_excel(file, sheet_name = '固定资产清单')
2  capex.fillna(0, inplace = True)    #将缺失值填充为 0
3  print(capex)
```

运行结果

序号	资产编号	资产名称	类别	数量	单位	使用部门	购置日期	原值	期初累计折旧	减值准备	使用状态	预计使用年限	预计残值率
0	1010001	教学楼	房屋建筑物	1	栋	行政部	2018-8-12	5000000	448611.11	0.00	正常使用	30	0.05
1	1010002	报告厅	房屋建筑物	1	栋	生产部	2019-1-12	2000000	153055.56	0.00	改建	30	0.05
2	1020001	空气压缩机	生产设备	1	台	生产部	2018-9-20	680000	177650.00	50000	正常使用	10	0.05
3	1020002	发电机	生产设备	1	台	生产部	2018-10-4	200000	50666.67	0.00	闲置	10	0.05
4	1020003	热成型机	生产设备	1	台	生产部	2019-2-28	330000	73150.00	0.00	正常使用	10	0.05
5	1020004	金属切削机	生产设备	1	台	生产部	2018-11-3	34000	8344.17	0.00	正常使用	10	0.05
6	1020005	成缆机组	生产设备	1	台	生产部	2019-1-25	98000	22499.17	0.00	正常使用	5	0.03
7	1030001	台式电脑	电子设备	1	台	行政部	2018-8-22	4000	2198.67	0.00	正常使用	5	0.03
8	1030002	台式电脑	电子设备	1	台	销售部	2018-9-15	6000	3201.00	0.00	报废	5	0.03
9	1030003	笔记本电脑	电子设备	1	台	财务部	2020-6-17	8000	1552.00	0.00	正常使用	5	0.03
10	1030004	笔记本电脑	电子设备	1	台	财务部	2020-6-17	8000	1552.00	0.00	正常使用	5	0.03
11	1030005	笔记本电脑	电子设备	1	台	采购部	2018-10-20	6000	3104.00	0.00	正常使用	5	0.03
12	1040001	丰田汽车	运输设备	1	辆	行政部	2018-6-20	50000	28500.00	0.00	正常使用	5	0.05

（3）根据购置的日期计算已经折旧的月数。

```
1  end_date = dt.datetime(2021,7,31)
#根据已知的截止日期,定义变量并赋值
2  def depmonth(start_date):
Return (end_date.year - start_date.year) * 12 + (end_date.month - start_date.month) - 1
#创建自定义函数,计算已折旧月数
3  capex['已折旧月数'] = capex['购置日期'].map(depmonth)
#调用自定义函数,根据购置日期计算已折旧月数
4  print(capex) #查看数据
```

运行结果

序号	资产编号	资产名称	类别	数量	单位	使用部门	购置日期	原值	期初累计折旧	减值准备	使用状态	预计使用年限	预计残值率	已折旧月数
0	1010001	教学楼	房屋建筑物	1	栋	行政部	2018-8-12	5000000	448611.11	0.00	正常使用	30	0.05	34
1	1010002	报告厅	房屋建筑物	1	栋	生产部	2019-1-12	2000000	153055.56	0.00	改建	30	0.05	29
2	1020001	空气压缩机	生产设备	1	台	生产部	2018-9-20	680000	177650.00	50000	正常使用	10	0.05	33
3	1020002	发电机	生产设备	1	台	生产部	2018-10-4	200000	50666.67	0.00	闲置	10	0.05	32
4	1020003	热成型机	生产设备	1	台	生产部	2019-2-28	330000	73150.00	0.00	正常使用	10	0.05	28
5	1020004	金属切削机	生产设备	1	台	生产部	2018-11-3	34000	8344.17	0.00	正常使用	10	0.05	31
6	1020005	成缆机组	生产设备	1	台	生产部	2019-1-25	98000	22499.17	0.00	正常使用	5	0.03	29
7	1030001	台式电脑	电子设备	1	台	行政部	2018-8-22	4000	2198.67	0.00	正常使用	5	0.03	34
8	1030002	台式电脑	电子设备	1	台	销售部	2018-9-15	6000	3201.00	0.00	报废	5	0.03	33
9	1030003	笔记本电脑	电子设备	1	台	财务部	2020-6-17	8000	1552.00	0.00	正常使用	5	0.03	33
10	1030004	笔记本电脑	电子设备	1	台	财务部	2020-6-17	8000	1552.00	0.00	正常使用	5	0.03	12
11	1030005	笔记本电脑	电子设备	1	台	采购部	2018-10-20	6000	3104.00	0.00	正常使用	5	0.03	32
12	1040001	丰田汽车	运输设备	1	辆	行政部	2018-6-20	50000	28500.00	0.00	正常使用	5	0.05	36

(4) 计算剩余折旧月数。

```
1  capex['剩余折旧月数'] = (capex['预计使用年限'] * 12 - capex['已折旧月数']).map(lambda x : max(x,0))
2  print(capex)
```

运行结果

序号	资产编号	资产名称	类别	数量	单位	使用部门	购置日期	原值	期初累计折旧	减值准备	使用状态	预计使用年限	预计残值率	已折旧月数	剩余折旧月数
0	1010001	教学楼	房屋建筑物	1	栋	行政部	2018-8-12	5000000	448611.11	0.00	正常使用	30	0.05	34	326
1	1010002	报告厅	房屋建筑物	1	栋	生产部	2019-1-12	2000000	153055.56	0.00	改建	30	0.05	29	331
2	1020001	空气压缩机	生产设备	1	台	生产部	2018-9-20	680000	177650.00	50000	正常使用	10	0.05	33	87
3	1020002	发电机	生产设备	1	台	生产部	2018-10-4	200000	50666.67	0.00	闲置	10	0.05	32	88
4	1020003	热成型机	生产设备	1	台	生产部	2019-2-28	330000	73150.00	0.00	正常使用	10	0.05	28	92
5	1020004	金属切削机	生产设备	1	台	生产部	2018-11-3	34000	8344.17	0.00	正常使用	10	0.05	31	89
6	1020005	成缆机组	生产设备	1	台	生产部	2019-1-25	98000	22499.17	0.00	正常使用	5	0.03	29	91
7	1030001	台式电脑	电子设备	1	台	行政部	2018-8-22	4000	2198.67	0.00	正常使用	5	0.03	34	26
8	1030002	台式电脑	电子设备	1	台	销售部	2018-9-15	6000	3201.00	0.00	报废	5	0.03	33	27
9	1030003	笔记本电脑	电子设备	1	台	财务部	2020-6-17	8000	1552.00	0.00	正常使用	5	0.03	33	27
10	1030004	笔记本电脑	电子设备	1	台	财务部	2020-6-17	8000	1552.00	0.00	正常使用	5	0.03	12	48
11	1030005	笔记本电脑	电子设备	1	台	采购部	2018-10-20	6000	3104.00	0.00	正常使用	5	0.03	32	28
12	1040001	丰田汽车	运输设备	1	辆	行政部	2018-6-20	50000	28500.00	0.00	正常使用	5	0.05	36	24

(5) 创建自定义函数,计算固定资产当月折旧及当月转出金额。

```
1  def dep(x):
       if (x['使用状态'] == '报废' or x['使用状态'] == '改建') and x['剩余折旧月数']>0:
           x['当月折旧'] = round((x['原值']-x['期初累计折旧']-x['减值准备']-x['原值'] * x['预计残值率'])/x['剩余折旧月数'],2)
           x['转出金额'] = round(x['原值']-x['期初累计折旧']-x['减值准备']-x['当月折旧'],2)
       elif (x['使用状态'] == '报废' or x['使用状态'] == '改建') and x['剩余折旧月数'] == 0:
           x['当月折旧'] = round(x['原值']-x['期初累计折旧']-x['减值准备']-x['原值'] * x['预计残值率'],2)
           x['转出金额'] = round(x['原值']-x['期初累计折旧']-x['减值准备']-x['当月折旧'],2)
       elif x['剩余折旧月数'] == 0:
           x['当月折旧'] = round(x['原值']-x['期初累计折旧']-x['减值准备']-x['原值'] * x['预计残值率'],2)
           x['转出金额'] = 0
       else:
           x['当月折旧'] = round((x['原值']-x['期初累计折旧']-x['减值准备']-x['原值'] * x['预计残值率'])/x['剩余折旧月数'],2)
           x['转出金额'] = 0
       return x
2  capex = capex.apply(dep,axis = 1)    # 调用 dep 函数,计算固定资产当月折旧及转出金额
3  print(capex)
```

运行结果

序号	资产编号	资产名称	类别	数量	单位	使用部门	购置日期	原值	期初累计折旧	减值准备	使用状态	预计使用年限	预计残值率	已折旧月数	剩余折旧月数	当月折旧	转出金额
0	1010001	教学楼	房屋建筑物	1	栋	行政部	2018-8-12	5000000	448611.11	0.00	正常使用	30	0.05	34	326	13194.44	0.00
1	1010002	报告厅	房屋建筑物	1	栋	生产部	2019-1-12	2000000	153055.56	0.00	改建	30	0.05	29	331	5277.78	1841666.66
2	1020001	空气压缩机	生产设备	1	台	生产部	2018-9-20	680000	177650.00	50000	正常使用	10	0.05	33	87	4808.62	0.00
3	1020002	发电机	生产设备	1	台	生产部	2018-10-4	200000	50666.67	0.00	闲置	10	0.05	32	88	1583.33	0.00
4	1020003	热成型机	生产设备	1	台	生产部	2019-2-28	330000	73150.00	0.00	正常使用	10	0.05	28	92	2612.50	0.00
5	1020004	金属切削机	生产设备	1	台	生产部	2018-11-3	34000	8344.17	0.00	正常使用	10	0.05	31	89	269.47	0.00
6	1020005	成缆机组	生产设备	1	台	生产部	2019-1-25	98000	22499.17	0.00	正常使用	5	0.03	29	91	775.83	0.00
7	1030001	台式电脑	电子设备	1	台	行政部	2018-8-22	4000	2198.67	0.00	正常使用	5	0.05	34	26	64.67	0.00
8	1030002	台式电脑	电子设备	1	台	销售部	2018-9-15	6000	3201.00	0.00	报废	5	0.05	33	27	64.67	0.00
9	1030003	笔记本电脑	电子设备	1	台	财务部	2020-6-17	8000	1552.00	0.00	正常使用	5	0.05	33	27	97.00	2702.00
10	1030004	笔记本电脑	电子设备	1	台	财务部	2020-6-17	8000	1552.00	0.00	正常使用	5	0.05	12	48	129.33	0.00
11	1030005	笔记本电脑	电子设备	1	台	采购部	2018-10-20	6000	3104.00	0.00	正常使用	5	0.05	32	28	97.00	0.00
12	1040001	丰田汽车	运输设备	1	辆	行政部	2018-6-20	50000	28500.00	0.00	正常使用	5	0.05	36	24	791.67	0.00

（6）计算固定资产账面价值。

固定资产账面价值 ＝ 原值 － 期初累计折旧 － 当月折旧 － 减值准备 － 转出金额

```
1  capex['账面价值'] = round(capex['原值'] - capex['期初累计折旧'] - capex['当月折旧'] - capex['减值准备'] - capex['转出金额'],2)
2  print(capex)
```

运行结果

序号	资产编号	资产名称	类别	数量	单位	使用部门	购置日期	原值	期初累计折旧	减值准备	使用状态	预计使用年限	预计残值率	已折旧月数	剩余折旧月数	当月折旧	转出金额	账面价值
0	1010001	教学楼	房屋建筑物	1	栋	行政部	2018-8-12	5000000	448611.11	0.0	正常使用	30	0.05	34	326	13194.44	0	4538194.45
1	1010002	报告厅	房屋建筑物	1	栋	生产部	2019-1-12	2000000	153055.56	0.0	改建	30	0.05	29	331	5277.78	1841666.66	0
2	1020001	空气压缩机	生产设备	1	台	生产部	2018-9-20	680000	177650.00	50000	正常使用	10	0.05	33	87	4808.62	0	447541.38
3	1020002	发电机	生产设备	1	台	生产部	2018-10-4	200000	50666.67	0.00	闲置	10	0.05	32	88	1583.33	0	147750.00
4	1020003	热成型机	生产设备	1	台	生产部	2019-2-28	330000	73150.00	0.00	正常使用	10	0.05	28	92	2612.50	0	254237.50
5	1020004	金属切削机	生产设备	1	台	生产部	2018-11-3	34000	8344.17	0.00	正常使用	10	0.05	31	89	269.47	0	25386.66
6	1020005	成缆机组	生产设备	1	台	生产部	2019-1-25	98000	22499.17	0.00	正常使用	5	0.03	29	91	775.83	0	74725.00

续表

序号	资产编号	资产名称	类别	数量	单位	使用部门	购置日期	原值	期初累计折旧	减值准备	使用状态	预计使用年限	预计残值率	已折旧月数	剩余折旧月数	当月折旧	转出金额	账面价值
7	1030001	台式电脑	电子设备	1	台	行政部	2018-8-22	4000	2198.67	0.00	正常使用	5	0.03	34	26	64.67	0	1736.66
8	1030002	台式电脑	电子设备	1	台	销售部	2018-9-15	6000	3201.00	0.00	报废	5	0.03	33	27	64.67	0	1801.33
9	1030003	笔记本电脑	电子设备	1	台	财务部	2020-6-17	8000	1552.00	0.00	正常使用	5	0.03	33	27	97.00	2702.00	0.00
10	1030004	笔记本电脑	电子设备	1	台	财务部	2020-6-17	8000	1552.00	0.00	正常使用	5	0.03	12	48	129.33	0	6818.67
11	1030005	笔记本电脑	电子设备	1	台	采购部	2018-10-20	6000	3104.00	0.00	正常使用	5	0.03	32	48	97.00	0	2799.00
12	1040001	丰田汽车	运输设备	1	辆	行政部	2018-6-20	50000	28500.00	0.00	正常使用	5	0.05	36	24	791.67	0	20708.33

小结

由于市场竞争的日益激化,纳税筹划成为各企业扩充市场份额、加快技术更新之后的另一条整体提高企业效益的途径。固定资产折旧的各种方法并没有绝对优劣之分。企业在进行计提固定资产折旧的税收筹划时,应综合考虑资金时间价值、税率、税收优惠政策等因素,结合企业实际情况和经营目标,做出最有利的方法选择。这样才能够最大可能地帮助公司降低税负,在合法合理的情况下实现公司的利益最大化。

拓展阅读

《海南省会计建账监督管理办法》政策解读——打造全省统一的会计建账监督管理信息系统

资料来源:人民网

为规范会计建账工作,提高会计信息质量,近期海南省出台了《海南省会计建账监督管理办法》(以下简称《办法》)。近日,海南省财政票据建账监管中心负责人就《办法》的出台背景、创新点等进行解读。

《办法》具有四大创新点。一是打造全省统一的会计建账监督管理信息系统。借助"互联网+"手段,通过推广和使用会计建账监督管理信息系统,实现省级与市、县级财政部门及各类市场主体统一联网,市场主体建账信息数据全省大集中,进一步提升会计建账监管水平和监管效率。

二是构建统一建账识别码应用体系。通过统一建账识别码实现部门协作深度配合,促进建账信息在融资贷款、纳税申报、申请财政补贴等方面的具体应用。以统一建账识别码为抓手,实现杜绝假账,助力自贸港社会信用体系建设。

三是建账数据跨部门共享,横向打通协同监管。运用区块链技术,实现"链上登记、链上备案、链上变更、链上注销、链上协管"等建账业务全流程监管及数据跨部门共享。

四是降低线下建账成本,一站式流转建账数据。建账单位通过会计建账监督管理系统线上"一网通办"建账业务,一站式流转建账数据。系统提供免费的会计核算软件,帮助中小微企业和个体工商户电子建账,降低线下建账成本。统一规范建账单位建账数据填报标准,提升会计建账数据质量,促进会计数据来源单一化。

任务二　Python 与管理会计

【任务情境】

大数据时代下，更多的企业开始关注管理会计工作应用的内容。企业引入 Python 技术，将会使财会信息更加精准、高效，使财会人员有更多的精力投到为企业做决策分析上，从而为企业领导做出科学的决策提供强有力的支持。

【任务描述】

本任务利用 Python 技术编写程序，旨在规避传统的管理会计公式计算效率低、易出错、可迁移性不强、可视化不够清晰的缺点。本任务利用 Python 技术解决货币时间价值计算、项目投资决策、本量利分析、标准成本差异分析、预算这些常规的企业问题。

【任务实施】

1. 货币时间价值

货币的时间价值是企业财务管理的一个重要概念，在企业筹资、投资、利润分配中都要考虑货币的时间价值。企业的筹资、投资和利润分配等一系列财务活动，都是在特定的时间进行的，因而货币时间价值是一个影响财务活动的基本因素。如果财务管理人员不了解时间价值，那么就无法正确衡量、计算不同时期的财务收入与支出，也无法准确地评价企业是处于盈利状态还是亏损状态。货币时间价值原理正确地揭示了不同时点上一定数量的资金之间的换算关系，它是进行投资、筹资决策的基础依据。

【应用案例】

Tina 公司有一个专门的投资部，在做投资决策前需要计算每一个项目相应的财务指标，最终根据风险评估，做出投资决策。但是，由于项目的初始投资金额以及投资时点不固定，直接使用传统计算方法套用公式费时费力，现使用 Python 技术进行计算。根据投资协议，各个阶段投资情况如下：

2023-1-1：投资 50 000 万元

2023-5-1：投资 30 000 万元

2023-8-12：投资 20 000 万元

那么，若预计投资回报率为 8%，到 2024 年 1 月 1 日时，Tina 公司该项目投资终值是多少？如果折现到 2023 年 1 月 1 日，该项目投资现值是多少？

1.1　分步计算货币时间价值

【代码实现】

（1）导入 pandas 模块、datetime 函数。

```
import pandas as pd
import datetime as dt
```

（2）根据已知的投资回报率和目标时点，定义变量并赋值。

```
rate_annual = 0.08
target_time = '2024-1-1'
```

(3) 将 Tina 公司各个投资时点及相应的投资金额以数据表形式存储。

```
investment = [['2023-1-1',50000],['2023-5-1',30000],['2023-8-12',20000]]
data = pd.DataFrame ( investment , columns = ['投资时点','投资金额'])
print(data)
```

运行结果

	投资时点	投资金额
0	2023-1-1	50000
1	2023-5-1	30000
2	2023-8-12	20000

(4) 将文本格式的投资时点、目标时点转换为 datetime 格式,以便计算两者的间隔天数。

```
data['投资时点'] = pd.to_datetime(data['投资时点'])
target = dt.datetime.strptime(target_time,'%Y-%m-%d')
print(data.dtypes)
print(type(target))
```

运行结果

```
投资时点        datetime64[ns]
投资金额                int64
dtype: object
<class 'datetime.datetime'>
```

(5) 计算目标时点与投资时点的间隔天数。

```
data['间隔天数'] = (target - data['投资时点']).dt.days
print(data)
```

运行结果

	投资时点	投资金额	间隔天数
0	2023-1-1	50000	365
1	2023-5-1	30000	245
2	2023-8-12	20000	142

(6) 将投资回报率转化为日利率,根据日利率和间隔天数计算系数。

```
rate_daily = (1 + rate_annual) ** (1/365) - 1
data['系数'] = (1 + rate_daily) ** data['间隔天数']
```

(7) 计算投资金额的终值。

```
data['投资金额_时间价值'] = data['投资金额'] * data['系数']
print(data)
print(round(data['投资金额_时间价值'].sum(),2))
```

运行结果

	投资时点	投资金额	间隔天数	系数	投资金额_时间价值
0	2023-1-1	50000	365	1.080000	54000.000000
1	2023-5-1	30000	245	1.053016	31590.491161
2	2023-8-12	20000	142	1.030394	20607.874939

106198.37

1.2 自定义函数计算货币时间价值

【思路分析】

该公司经常计算投资的终值和现值,可将计算过程封装到自定义函数中,以便重复调用。

【代码实现】

(1) 自定义函数 TVM(),通过传入投资回报率、目标时点、投资情况三个参数,返回投资金额的时间价值及其合计数。

```
def TVM(rate_annual, target_time, * investment):
    rate_daily = (1 + rate_annual) ** (1/365) - 1
    target = dt.datetime.strptime(target_time,'%Y-%m-%d')
    data = pd.DataFrame(investment, columns = ['投资时点','投资金额'])
    data['投资时点'] = pd.to_datetime(data['投资时点'])
    data['间隔天数'] = (target - data['投资时点']).dt.days
    data['系数'] = (1 + rate_daily) ** data['间隔天数']
    data['投资金额_时间价值'] = data['投资金额'] * data['系数']
    return data, data['投资金额_时间价值'].sum()
```

(2) 将案例中的数据传入自定义函数 TVM()中,计算终值。

```
data1,sum1 = TVM(0.08,
'2024-1-1',['2023-1-1',50000],['2023-5-1',30000],['2023-8-12',20000])
print(data1)
Print(round(sum1,2))
```

运行结果

	投资时点	投资金额	间隔天数	系数	投资金额_时间价值
0	2023-1-1	50000	365	1.080000	54000.000000
1	2023-5-1	30000	245	1.053016	31590.491161
2	2023-8-12	20000	142	1.030394	20607.874939

106198.37

(3) 将案例中的数据传入自定义函数 TVM()中,计算现值。

```
data2,sum2 = TVM(0.08, '2023-1-1',['2023-1-1',50000],['2023-5-1',30000],['2023-8-12', 20000])
print(data2)
print(round(sum2,2))
```

运行结果

	投资时点	投资金额	间隔天数	系数	投资金额_时间价值
0	2023-1-1	50000	0	1.000000	50000.000000
1	2023-5-1	30000	-120	0.975015	29250.454779
2	2023-8-12	20000	-223	0.954068	19081.365684
98331.82					

【案例总结】

货币时间价值的计算贯穿于财务管理的各个环节,企业可以结合自身的业务需要,利用 Python 自定义函数封装货币时间价值的计算公式,以提高货币时间价值计算的效率和精确性。

2. 项目投资决策

项目投资决策是企业财务管理的重要环节,在实际业务中,企业需要考虑货币时间价值,选择合适的财务分析指标,对项目进行综合评价,做出最终决策。传统的项目分析重过程计算轻结果分析,利用 Python 技术可以封装常用函数,在处理量大、重复性高的数据时更具优势。常用的项目投资决策方法有净现值法、投资回收期法、内含报酬率法、现值指数法等,下面着重介绍利用 Python 技术实现净现值法和投资回收期法。

【应用案例】

Tina 公司 2023 年 11 月份计划投资一个康养项目,需要根据投资方案,计算财务指标以判断其财务可行性。项目总投资 2 500 万元,建设期 2 年,第 1 年年初投资 1 500 万元,第二年年初投资 1 000 万元。项目投产后,预计每年年末销售收入、付现成本及折旧与摊销如表 7-2-1 所示。Tina 公司适用的企业所得税税率为 15%,项目预期投资回报率为 8%。

表 7-2-1 销售收入、付现成本及折旧与摊销　　　　　　　　　单位:万元

投产后每年年末	销售收入	付现成本	折旧与摊销
1	1 500	1 000	350
2	1 800	1 200	350
3	2 200	1 200	350
4	2 400	1 400	350
5	2 600	1 600	350
6	2 300	1 800	350

2.1 项目投资决策——净现值法

【思路分析】

使用净现值法评估 Tina 公司投资项目的可行性,先计算各期现金净流量,再通过折现系数将其折现,最终得到项目的净现值。若项目净现值≥0,则表明该项目具备财务可行性。

【代码实现】

(1) 导入 pandas,并将数据输出格式设置为保留 2 位小数。

```
import pandas as pd
pd.options.display.float_format = '{:.2f}'.format
```

(2) 以字典方式引入 Tina 公司初始投资、销售收入、付现成本、折旧与摊销数据,列表中的数据以年为间隔。

```
data = {'初始投资':[1500,1000,0,0,0,0,0,0],
    '销售收入':[0,0,1500,1800,2200,2400,2600,2300],
    '付现成本':[0,0,1000,1200,1200,1400,1600,1800],
    '折旧与摊销':[0,0,350,350,350,350,350,350]}
df = pd.DataFrame(data)
print(df)
```

运行结果

	初始投资	销售收入	付现成本	折旧与摊销
0	1500	0	0	0
1	1000	0	0	0
2	0	1500	1000	350
3	0	1800	1200	350
4	0	2200	1200	350
5	0	2400	1400	350
6	0	2600	1600	350
7	0	2300	1800	350

(3) 计算各年的营业利润。

营业利润 = 销售收入 − 付现成本 − 折旧与摊销

```
df['营业利润'] = df['销售收入']-df['付现成本']-df['折旧与摊销']
print(df)
```

运行结果

	初始投资	销售收入	付现成本	折旧与摊销	营业利润
0	1500	0	0	0	0
1	1000	0	0	0	0
2	0	1500	1000	350	150
3	0	1800	1200	350	250
4	0	2200	1200	350	650
5	0	2400	1400	350	650
6	0	2600	1600	350	650
7	0	2300	1800	350	150

(4) 计算各年所得税费用。

所得税费用 = 营业利润 × 所得税税率

```
df['所得税费用'] = df['营业利润'] * 0.15
print(df)
```

运行结果

	初始投资	销售收入	付现成本	折旧与摊销	营业利润	所得税费用
0	1500	0	0	0	0	0.00
1	1000	0	0	0	0	0.00
2	0	1500	1000	350	150	22.50
3	0	1800	1200	350	250	37.50
4	0	2200	1200	350	650	97.50
5	0	2400	1400	350	650	97.50
6	0	2600	1600	350	650	97.50
7	0	2300	1800	350	150	22.50

(5) 计算各年税后营业利润。

税后营业利润 = 营业利润 − 所得税费用

```
df['税后营业利润'] = df['营业利润']-df['所得税费用']
print(df)
```

运行结果

	初始投资	销售收入	付现成本	折旧与摊销	营业利润	所得税费用	税后营业利润
0	1500	0	0	0	0	0.00	0.00
1	1000	0	0	0	0	0.00	0.00
2	0	1500	1000	350	150	22.50	127.50
3	0	1800	1200	350	250	37.50	212.50
4	0	2200	1200	350	650	97.50	552.50
5	0	2400	1400	350	650	97.50	552.50
6	0	2600	1600	350	650	97.50	552.50
7	0	2300	1800	350	150	22.50	127.50

(6) 计算各年现金净流量。

现金净流量 = 税后营业利润 + 折旧与摊销 − 初始投资

```
df['现金净流量'] = df['税后营业利润']+df['折旧与摊销']-df['初始投资']
print(df)
```

运行结果

	初始投资	销售收入	付现成本	折旧与摊销	营业利润	所得税费用	税后营业利润	现金净流量
0	1500	0	0	0	0	0.00	0.00	−1500.00
1	1000	0	0	0	0	0.00	0.00	−1000.00
2	0	1500	1000	350	150	22.50	127.50	477.50
3	0	1800	1200	350	250	37.50	212.50	562.50
4	0	2200	1200	350	650	97.50	552.50	902.50
5	0	2400	1400	350	650	97.50	552.50	902.50
6	0	2600	1600	350	650	97.50	552.50	902.50
7	0	2300	1800	350	150	22.50	127.50	477.50

(7) 计算折现系数。

折现系数的计算公式为$\frac{1}{(1+i)^t}$,t 为相应的年数,这里 t 的值可以取行索引[0,1,2,3,4,5,6,7]。

```
df['折现系数'] = (1 + 0.08) ** (-df.index)
print(df)
```

运行结果

	初始投资	销售收入	付现成本	折旧与摊销	营业利润	所得税费用	税后营业利润	现金净流量	折现系数
0	1500	0	0	0	0	0.00	0.00	-1500.00	1.00
1	1000	0	0	0	0	0.00	0.00	-1000.00	0.93
2	0	1500	1000	350	150	22.50	127.50	477.50	0.86
3	0	1800	1200	350	250	37.50	212.50	562.50	0.79
4	0	2200	1200	350	650	97.50	552.50	902.50	0.74
5	0	2400	1400	350	650	97.50	552.50	902.50	0.68
6	0	2600	1600	350	650	97.50	552.50	902.50	0.63
7	0	2300	1800	350	150	22.50	127.50	477.50	0.58

(8) 计算各年折现现金净流量。

折现现金净流量 = 现金净流量 × 折现系数

```
df['折现现金净流量'] = df['现金净流量'] * df['折现系数']
print(df)
```

运行结果

	初始投资	销售收入	付现成本	折旧与摊销	营业利润	所得税费用	税后营业利润	现金净流量	折现系数	折现现金净流量
0	1500	0	0	0	0	0.00	0.00	-1500.00	1.00	-1500.00
1	1000	0	0	0	0	0.00	0.00	-1000.00	0.93	-925.93
2	0	1500	1000	350	150	22.50	127.50	477.50	0.86	409.38
3	0	1800	1200	350	250	37.50	212.50	562.50	0.79	446.53
4	0	2200	1200	350	650	97.50	552.50	902.50	0.74	663.36
5	0	2400	1400	350	650	97.50	552.50	902.50	0.68	611.23
6	0	2600	1600	350	650	97.50	552.50	902.50	0.63	568.73
7	0	2300	1800	350	150	22.50	127.50	477.50	0.58	278.62

(9) 将各年折现现金净流量相加,计算项目净现值,并判断项目的财务可行性。

```
NPV = format(df['折现现金净流量'].sum(),'.2f')
print("该项目净现值 NPV = ",NPV)
if float(NPV) >= 0:
    print('NPV>=0,项目具有财务可行性')
else:
    print('NPV<0,项目不具有财务可行性')
```

运行结果

该项目净现值 NPV= 554.92
NPV>=0,项目具有财务可行性

2.2 项目投资决策——投资回收期法

【思路分析】

使用投资回收期法评估 Tina 公司投资项目的可行性,需用累计函数计算现金净流量累计值。找出现金净流量和折现现金净流量累计和为 0 时的投资年限,即静态项目投资回收期和动态回收期。一般是找到一个范围,用这个范围与项目总投产年限比较,如在总投产年限内则具有财务可行性。但一般静态回收期只作为一个指标参考,不作为项目投资的决策依据。

【代码实现】

沿用上例的数据,计算现金净流量、折现现金净流量累计和。

```
print(df[['现金净流量','折现现金净流量']].cumsum())
```

运行结果

	现金净流量	折现现金净流量
0	-1500.00	-1500.00
1	-2500.00	-2425.93
2	-2022.50	-2016.55
3	-1460.00	-1570.02
4	-557.50	-906.65
5	345.00	-292.43
6	1247.50	276.30
7	1725.00	554.92

根据运行结果,我们可以看到:静态回收期在 4~5 年间,动态回收期在 5~6 年间,均小于本项目加上建设期后的项目周期 8 年,所以据此判断此项目具有财务可行性。

【案例总结】

项目投资决策的方法有很多种,在 Excel 中都有相应的内置函数。但当企业涉及的决策项目较多时,构建统一的基础数据表,批量读取表中的项目信息,将常用的项目投资决策方法封装为函数,会方便很多。当涉及多项目决策时,更能体现 Python 技术的复用性和高效性。

3. 本量利分析

本量利分析,也称为 CVP 分析(cost-volume-profit analysis),是研究产品价格、业务量(销售量、服务量或产量)、单位变动成本、固定成本总额、销售产品的品种结构等因素的相互关系,据以做出关于产品结构、产品定价、促销策略以及生产设备利用等决策的一种方法。本量利分析着重研究销售数量、价格、成本和利润之间的数量关系,它所提供的原理、方法在管理会计中有着广泛的用途,同时它又是企业进行决策、计划和控制的重要工具。

【应用案例】

根据电子商务数据分析报告,近年来,年轻消费者对卫衣的需求量持续稳定,经董事会研究决定,Tina 公司产品部计划新增一个生产卫衣的生产线。经过初步市场调研得知,卫衣市场售价约为 150 元/件,预估每件卫衣的原材料、人工成本等变动成本为 70 元,预估房租、机器设备等固定成本为 150 000 元/月。根据电子商务数据预测模型,卫衣预计销售量为 2 800 件/月。问题如下:

(1) 如果 Tina 公司的产品部市场预测完全正确,那么根据本量利公式,卫衣的单位边际贡献、月销售额、月边际贡献、月营业利润分别是多少?

(2) 每个月的销售量达到多少,才能不亏本,即盈亏平衡点是多少?

(3) 每个月的实际利润最多偏离预测利润多少,才能保证不亏本?

(4) 如果每个月计划盈利 100 000 元,那么月销量要达到多少?

(5) 如果 Tina 公司不满足预期市场获取的营业利润,希望通过调整售价、成本、销售量等因素来提高每个月的营业利润,那么营业利润对单价、变动成本、销售量、固定成本的敏感性系数分别为多少?

【思路分析】

创建一个自定义函数,通过输入单价、单位变动成本、固定成本、销售量 4 个参数,计算销售额、单位边际贡献、变动成本和营业利润。有能力的读者可结合前面模块自行绘制利润敏感性分析图。

【代码实现】

(1) 导入 pandas,并将数据输出格式设置为保留 2 位小数。

```
import pandas as pd
pd.options.display.float_format = '{:.2f}'.format
```

(2) 创建自定义本量利 CVP 函数,以单价 p、单位变动成本 uvc、销售量 q、固定成本 fc 为参数,计算销售额 s、单位边际贡献 umc、边际贡献 mc、变动成本 vc 和营业利润 pro。

```
def CVP(p,uvc,q,fc):
    s = p * q    #销售额 s = 单价 × 销售量
    umc = p - uvc    #单位边际贡献 umc = 单价 - 单位变动成本
    mc = umc * q    #边际贡献 mc = 单位边际贡献 × 销售量
    vc = uvc * q    #变动成本 vc = 单位变动成本 × 销售量
    pro = (p-uvc) * q-fc    #营业利润 pro = (单价 - 单位变动成本) × 销售量 - 固定成本
    return [p, uvc, umc, q, s, vc, mc, fc, pro]    #返回单价、单位变动成本、单位边际贡献、销售量、销售额、变动成本、边际贡献、固定成本、营业利润
```

(3) 为变量赋值并调用 CVP() 函数。

```
p = 150
uvc = 70
```

```
q = 2800
fc = 150000
dt = pd.DataFrame(CVP(p,uvc,q,fc),columns = ['实际数'],index = ['单价','单位变动成本','单位边
际贡献','销售量','销售额','变动成本','边际贡献','固定成本','营业利润'])
print(dt)
```

运行结果

	实际数
单价	150
单位变动成本	70
单位边际贡献	80
销售量	2800
销售额	420000
变动成本	196000
边际贡献	224000
固定成本	150000
营业利润	74000

(4) 计算保本时的销售量,并调用 CVP() 函数计算此时的销售额、单位边际贡献、变动成本和营业利润。

```
BEP = fc/(p-uvc)   #盈亏平衡点 = 固定成本/(单价 - 单位变动成本)
dt['盈亏平衡分析'] = CVP(p,uvc,BEP,fc)
print(dt)
```

运行结果

	实际数	盈亏平衡分析
单价	150	150.00
单位变动成本	70	70.00
单位边际贡献	80	80.00
销售量	2800	1875.00
销售额	420000	281250.00
变动成本	196000	131250.00
边际贡献	224000	150000.00
固定成本	150000	150000.00
营业利润	74000	0.00

(5) 计算安全边际,即实际销售超过盈亏平衡点的部分。

```
dt['安全边际分析'] = dt['实际数']-dt['盈亏平衡分析']   #安全边际 = 现有实际销售量 - 盈亏平
衡点销售量
print(dt)
```

运行结果

	实际数	盈亏平衡分析	安全边际分析
单价	150	150.00	0.00
单位变动成本	70	70.00	0.00
单位边际贡献	80	80.00	0.00
销售量	2800	1875.00	925.00
销售额	420000	281250.00	138750.00
变动成本	196000	131250.00	64750.00
边际贡献	224000	150000.00	74000.00
固定成本	150000	150000.00	0.00
营业利润	74000	0.00	74000.00

（6）计算目标利润为 1 000 000 元时的保利量，并调用 CVP() 函数计算此时的销售额、单位边际贡献、变动成本和营业利润。

```
top = (100000＋fc)/(p－uvc)    ♯计算目标销售量，目标销售量＝(目标利润 100000＋固定成本)/
(单价－单位变动成本)
dt['目标分析'] = CVP(p,uvc,top,fc)    ♯调用本量利 CVP 函数生成"目标分析"项
print(dt)
```

运行结果

	实际数	盈亏平衡分析	安全边际分析	目标分析
单价	150	150.00	0.00	150.00
单位变动成本	70	70.00	0.00	70.00
单位边际贡献	80	80.00	0.00	80.00
销售量	2800	1875.00	925.00	3125.00
销售额	420000	281250.00	138750.00	468750.00
变动成本	196000	131250.00	64750.00	218750.00
边际贡献	224000	150000.00	74000.00	250000.00
固定成本	150000	150000.00	0.00	150000.00
营业利润	74000	0.00	74000.00	100000.00

（7）创建自定义函数 sens()，通过输入单价变动百分比 ratio_p、单位变动成本变动百分比 ratio_uvc、销售量变动百分比 ratio_q、固定成本变动百分比 ratio_fc，计算利润变动百分比。

```
def sens(ratio_p, ratio_uvc, ratio_q, ratio_fc):
    p2 = p * (1＋ratio_p/100)    ♯变动后单价
    uvc2 = uvc * (1＋ratio_uvc/100)    ♯变动后单位变动成本
    q2 = q * (1＋ratio_q/100)    ♯变动后销售量
    fc2 = fc * (1＋ratio_fc/100)    ♯变动后固定成本
    pro = (p－uvc) * q－fc    ♯变动前利润
    pro2 = (p2－uvc2) * q2－fc2    ♯变动后利润
return pro2/pro－1
```

(8) 构建一个变动百分比序列,范围为[-100,100],每次递增10%。

```
blow_list = pd.Series(range(-100,110,10))
dt_sens = pd.DataFrame(blow_list,columns=['变动百分比'])
print(dt_sens)
```

运行结果

	变动百分比
0	-100
1	-90
2	-80
3	-70
4	-60
5	-50
6	-40
7	-30
8	-20
9	-10
10	0
11	10
12	20
13	30
14	40
15	50
16	60
17	70
18	80
19	90
20	100

(9) 调用 sens(),在单价、单位变动成本、销售量、固定成本按上一步骤生成的变动百分比变动时,分别计算利润变动的百分比。

```
#用map函数调用lambda定义函数,计算利润单价敏感性
dt_sens['利润-单价'] = dt_sens['变动百分比'].map(lambda x:sens(x,0,0,0))
#用map函数调用lambda定义函数,计算利润单位变动成本敏感性
dt_sens['利润-单位变动成本'] = dt_sens['变动百分比'].map(lambda x:sens(0,x,0,0))
#用map函数调用lambda定义函数,计算利润销售量敏感性
dt_sens['利润-销售量'] = dt_sens['变动百分比'].map(lambda x:sens(0,0,x,0))
#用map函数调用lambda定义函数,计算利润固定成本敏感性
dt_sens['利润-固定成本'] = dt_sens['变动百分比'].map(lambda x:sens(0,0,0,x))
print(dt_sens)
```

运行结果

	变动百分比	利润－单价	利润－单位变动成本	利润－销售量	利润－固定成本
0	−100	−5.68	2.65	−3.03	2.03
1	−90	−5.11	2.38	−2.72	1.82
2	−80	−4.54	2.12	−2.42	1.62
3	−70	−3.97	1.85	−2.12	1.42
4	−60	−3.41	1.59	−1.82	1.22
5	−50	−2.84	1.32	−1.51	1.01
6	−40	−2.27	1.06	−1.21	0.81
7	−30	−1.70	0.79	−0.91	0.61
8	−20	−1.14	0.53	−0.61	0.41
9	−10	−0.57	0.26	−0.3	0.2
10	0	0	0	0	0
11	10	0.57	−0.26	0.3	−0.2
12	20	1.14	−0.53	0.61	−0.41
13	30	1.7	−0.79	0.91	−0.61
14	40	2.27	−1.06	1.21	−0.81
15	50	2.84	−1.32	1.51	−1.01
16	60	3.41	−1.59	1.82	−1.22
17	70	3.97	−1.85	2.12	−1.42
18	80	4.54	−2.12	2.42	−1.62
19	90	5.11	−2.38	2.72	−1.82
20	100	5.68	−2.65	3.03	−2.03

【案例总结】

本量利分析以成本性态分析和变动成本法为基础，利用 Python 将成本分析模型和可视化图形结合，通过保本分析，确定企业最低的生存条件；通过安全边际分析，确定企业安全运营状况；通过敏感性分析，分清影响利润的主次因素，确保目标利润的实现。设置自定义函数，有利于实现本量利分析的函数复用性，不同生产线均可调用自定义函数，保本本量利分析的准确性和可靠性，有助于更好地实现成本控制和提高效益的经营目标。

4. 标准成本差异分析

标准成本差异分析是指对实际成本与标准成本之间的差异进行评估和分析，以确定差异产生的原因，并采取相应的措施控制和降低成本的过程。

标准成本差异分析主要包括以下步骤：

1. 确定标准成本：根据产品或服务的特性、市场需求、生产能力等因素，制定合理的标准成本。

2. 收集实际成本数据：收集与产品或服务相关的实际成本数据，包括直接材料、直接人工、间接费用等。

3. 计算成本差异:将实际成本与标准成本进行比较,计算出成本差异。

4. 分析成本差异原因:对成本差异进行分析,确定差异产生的原因,如原材料价格上涨、生产效率下降等。

5. 采取相应措施:根据分析结果,采取相应的措施控制和降低成本,如调整采购策略、改进生产工艺等。

6. 监控和评估:对实施的控制和降低成本措施进行监控和评估,以确保措施的有效性和可持续性。

标准成本差异分析是企业管理中非常重要的一个环节,可以帮助企业及时发现和解决成本问题,提高生产效率和市场竞争力。

【应用案例】

2023年8月,Tina公司产品部在卫衣生产基本稳定后,又拓展了新的高端卫衣生产线。经过3个月的运营,11月各项目的预算数与实际数对比(弹性预算根据销售量及标准成本计算)如表7-2-2所示,单位产品标准成本与实际成本数据如表7-2-3所示。请据此进行标准成本差异分析(直接材料、直接人工、变动制造费用差异分析)。

表7-2-2　11月各项目预算数与实际数对比

项目	预算数	实际数	差异
销售量/件	500	500	0
单价/(元/件)	1 750	1 830	80
销售额/元	875 000	915 000	40 000
变动成本/元	218 200	267 200	49 000
边际贡献/元	656 800	647 800	−9 000
固定制造费用/元	534 500	543 400	8 900
营业利润/元	122 300	104 400	−17 900

表7-2-3　单位单品标准成本与实际成本

成本项目	实际用量	实际价格/元	标准用量	标准价格/元
直接材料—布	2.1	36	1.8	33
直接材料—纽扣	10	0.8	10	0.5
直接材料—拉链	1	2.8	1	2.5
直接材料—线	1.2	5	2	5.5
直接材料—里布	1.5	23	2	26
直接人工	10	32	8	28
变动制造费用—电	100	0.3	100	0.32
变动制造费用—水	50	0.55	65	0.5
变动制造费用—维修	2	15	1.8	10

【思路分析】

观察表7-2-2得知,变动成本差异是导致最终的营业利润差异的主要因素,再根据表7-2-3的变动成本分解,我们可以分别计算组成变动成本的每一项价格差异和用量差异,从而从源头上控制成本,实现Tina公司的经营目标。

【代码实现】

(1) 导入pandas,并将数据输出格式设置为保留2位小数。

```
import pandas as pd
pd.options.display.float_format = '{:.2f}'.format
```

(2) 读取单位产品成本项目的标准价格、标准用量、实际价格、实际用量等数据。

```
data = [['直接材料-布',2.1,36,1.8,33],
        ['直接材料-纽扣',10,0.8,10,0.5],
        ['直接材料-拉链',1,2.8,1,2.5],
        ['直接材料-线',1.2,5,2,5.5],
        ['直接材料-里布',1.5,23,2,26],
        ['直接人工',10,32,8,28],
        ['变动制造费用-电',100,0.3,100,0.32],
        ['变动制造费用-水',50,0.55,65,0.5],
        ['变动制造费用-维修',2,15,1.8,10]]
df = pd.DataFrame(data,columns = ['成本项目','实际用量','实际价格','标准用量','标准价格'])
print(df)
```

运行结果

	成本项目	实际用量	实际价格	标准用量	标准价格
0	直接材料-布	2.10	36.00	1.80	33
1	直接材料-纽扣	10.00	0.80	10.00	0.5
2	直接材料-拉链	1.00	2.80	1.00	2.5
3	直接材料-线	1.20	5.00	2.00	5.5
4	直接材料-里布	1.50	23.00	2.00	26
5	直接人工	10.00	32.00	8.00	28
6	变动制造费用-电	100.00	0.30	100.00	0.32
7	变动制造费用-水	50.00	0.55	65.00	0.5
8	变动制造费用-维修	2.00	15.00	1.80	10

(3) 计算单位产品每个成本项目的实际成本和标准成本,以及两者的差异。

```
df['实际成本'] = df['实际用量'] * df['实际价格']
df['标准成本'] = df['标准用量'] * df['标准价格']
df['差异'] = df['实际成本']-df['标准成本']
print(df)
```

运行结果

	成本项目	实际用量	实际价格	标准用量	标准价格	实际成本	标准成本	差异
0	直接材料-布	2.10	36.00	1.80	33	75.60	59.40	16.20
1	直接材料-纽扣	10.00	0.80	10.00	0.5	8.00	5.00	3.00
2	直接材料-拉链	1.00	2.80	1.00	2.5	2.80	2.50	0.30
3	直接材料-线	1.20	5.00	2.00	5.5	6.00	11.00	-5.00
4	直接材料-里布	1.50	23.00	2.00	26	34.50	52.00	-17.50
5	直接人工	10.00	32.00	8.00	28	320.00	224.00	96.00
6	变动制造费用-电	100.00	0.30	100.00	0.32	30.00	32.00	-2.00
7	变动制造费用-水	50.00	0.55	65.00	0.5	27.50	32.50	-5.00
8	变动制造费用-维修	2.00	15.00	1.80	10	30.00	18.00	12.00

(4) 计算单位产品每一成本项目的价格差异与用量差异。

```
df['价格差异'] = df['实际用量'] * (df['实际价格']-df['标准价格'])
df['用量差异'] = (df['实际用量']-df['标准用量']) * df['标准价格']
print(df)
```

运行结果

	成本项目	实际用量	实际价格	标准用量	标准价格	实际成本	标准成本	差异	价格差异	用量差异
0	直接材料-布	2.10	36.00	1.80	33	75.60	59.40	16.20	6.30	9.90
1	直接材料-纽扣	10.00	0.80	10.00	0.5	8.00	5.00	3.00	3.00	0.00
2	直接材料-拉链	1.00	2.80	1.00	2.5	2.80	2.50	0.30	0.30	0.00
3	直接材料-线	1.20	5.00	2.00	5.5	6.00	11.00	-5.00	-0.60	-4.40
4	直接材料-里布	1.50	23.00	2.00	26	34.50	52.00	-17.50	-4.50	-13.00
5	直接人工	10.00	32.00	8.00	28	320.00	224.00	96.00	40.00	56.00
6	变动制造费用-电	100.00	0.30	100.00	0.32	30.00	32.00	-2.00	-2.00	0.00
7	变动制造费用-水	50.00	0.55	65.00	0.5	27.50	32.50	-5.00	2.50	-7.50
8	变动制造费用-维修	2.00	15.00	1.80	10	30.00	18.00	12.00	10.00	2.00

(5) 根据已知的实际销售量,计算实际销售量下每个成本项目的成本差异总额。

```
df[['差异总额','价格差异总额','用量差异总额']] = df[['差异','价格差异','用量差异']] * 500
print(df)
```

运行结果

	成本项目	实际用量	实际价格	标准用量	标准价格	...	价格差异	用量差异	差异总额	价格差异总额	用量差异总额
0	直接材料-布	2.10	36.00	1.80	33	...	6.30	9.90	8100.00	3150.00	4950
1	直接材料-纽扣	10.00	0.80	10.00	0.5	...	3.00	0.00	1500.00	1500.00	0
2	直接材料-拉链	1.00	2.80	1.00	2.5	...	0.30	0.00	150.00	150.00	0

3	直接材料-线	1.20	5.00	2.00	5.5	...	-0.60	-4.40	-2500.00	-300.00	-2200
4	直接材料-里布	1.50	23.00	2.00	26	...	-4.50	-13.00	-8750.00	-2250.00	-6500
5	直接人工	10.00	32.00	8.00	28	...	40.00	56.00	48000.00	20000.00	28000
6	变动制造费用-电	100.00	0.30	100.00	0.32	...	-2.00	0.00	-1000.00	-1000.00	0
7	变动制造费用-水	50.00	0.55	65.00	0.5	...	2.50	-7.50	-2500.00	1250.00	-3750
8	变动制造费用-维修	2.00	15.00	1.80	10	...	10.00	2.00	6000.00	5000.00	1000

（6）计算各成本项目的差异总额、价格差异总额、用量差异总额。

```
df1 = df[['差异总额','价格差异总额','用量差异总额']].sum()
df1 = pd.DataFrame(df1,columns = ['汇总'])
print(df1)
```

运行结果

```
                汇总
差异总额      49000.00
价格差异总额    27500.00
用量差异总额    21500.00
```

【案例总结】

预算与实际的利润差异，主要是成本差异造成的，分析成本差异是企业成本管理的重点，找到原因后，从源头及时进行跟踪处理，才能从根本上解决差异问题。但是成本管理是一个动态的管理过程，利用 Python 代码可以大大地简化计算流程，可以进行快速分析，为科学决策提供科学的依据。

5. 预算

预算管理是强化和控制经济活动的重要手段。为了企业能可持续发展，企业应该对预算执行情况进行监管和考核，在实际执行中及时发现预算偏差，并制定调整方案和应对措施，提高企业在经营发展过程中防范风险的能力。预算的方法有固定预算、弹性预算、定期预算和滚动预算等，不同的预算方法各有优缺点。

5.1 固定预算和弹性预算

固定预算和弹性预算的对比分析如表 7-2-4 所示。

表 7-2-4 固定预算和弹性预算对比

项目	固定预算	弹性预算
概念	以预算期内正常的、最可能实现的某一业务量水平为固定基础，不考虑可能发生的变动的预算编制方法	企业在分析业务量与预算项目之间数量依存关系的基础上，分别确定不同业务量及其相应预算项目所消耗资源的预算编制方法
特征	业务量固定在某一预计水平上	分别按一系列可能达到的预计业务量水平编制能适应多种情况的预算
优点	工作量小、简单易行	适用面宽、具有弹性
缺点	过于机械呆板、可比性差	工作量大
适用范围	业务量水平较为稳定的企业	市场、产能等存在较大不确定性的企业

【应用案例】

Tina 公司产品部按照固定预算法编制 2023 年度销售预算,预测卫衣年销售量为 33 000 件,单价为 150 元/件,单位变动成本为 70 元/件,固定成本为 1800 000 元。2023 年末,经过核算,卫衣的实际销售量为 36 000 件,单价为 160 元/件,单位变动成本为 75 元/件,固定成本为 2 000 000 元,据此分别采用固定预算和弹性预算做预算和实际差异分析。

【思路分析】

先计算销售额、变动成本,可以调用本量利分析中定义的 CPV() 函数进行计算,再比较两种预算法下预算数与实际数的差异。

【代码实现】

(1) 导入 pandas 模块。

```
import pandas as pd
```

(2) 创建本量利分析中的自定义函数 CPV()。

```
def CVP(p,uvc,q,fc):
    s = p * q    #销售额 s = 单价 × 销售量
    umc = p - uvc    #单位边际贡献 umc = 单价 - 单位变动成本
    mc = umc * q    #边际贡献 mc = 单位边际贡献 × 销售量
    vc = uvc * q    #变动成本 vc = 单位变动成本 × 销售量
    pro = (p-uvc) * q-fc    #营业利润 pro =(单价 - 单位变动成本) × 销售量 - 固定成本
    return [p, uvc, umc, q, s, vc, mc, fc, pro]#返回单价、单位变动成本、单位边际贡献、销售量、
销售额、变动成本、边际贡献、固定成本、营业利润
```

(3) 根据 2023 年的预算数据,调用 CPV() 函数计算固定预算数。

```
data = CVP(150,70,33000,1800000)
dt = pd.DataFrame(data,columns = ['固定预算数'],
index = ['单价','单位变动成本','单位边际贡献','销售量','销售额','变动成本','边际贡献','固定成本','营业利润'])
print(dt)
```

运行结果

	固定预算数
单价	150
单位变动成本	70
单位边际贡献	80
销售量	33000
销售额	4950000
变动成本	2310000
边际贡献	2640000
固定成本	1800000
营业利润	840000

(4) 根据2023年的实际生产和销售数据,调用CPV()函数计算实际执行数。

```
dt["实际执行数"] = CVP(160,75,36000,2000000)
print(dt)
```

运行结果

	固定预算数	实际执行数
单价	150	160
单位变动成本	70	75
单位边际贡献	80	85
销售量	33000	36000
销售额	4950000	5760000
变动成本	2310000	2700000
边际贡献	2640000	3060000
固定成本	1800000	2000000
营业利润	840000	1060000

(5) 将实际执行数减去固定预算数,计算固定预算执行差异。

```
dt["实际-固定预算"] = dt["实际执行数"] - dt["固定预算数"]
print(dt)
```

运算结果:

	固定预算数	实际执行数	实际-固定预算
单价	150	160	10
单位变动成本	70	75	5
单位边际贡献	80	85	5
销售量	33000	36000	3000
销售额	4950000	5760000	810000
变动成本	2310000	2700000	390000
边际贡献	2640000	3060000	420000
固定成本	1800000	2000000	200000
营业利润	840000	1060000	220000

(6) 若采用弹性预算法,则以实际销售量36000为弹性预算预计销售量,其他参数仍按预测数,调用CPV()函数计算弹性预算数。

```
dt["弹性预算"] = CVP(150,70,36000,1800000)
print(dt)
```

运行结果

	固定预算数	实际执行数	实际-固定预算	弹性预算
单价	150	160	10	150
单位变动成本	70	75	5	70
单位边际贡献	80	85	5	80

	固定预算数	实际执行数	实际-固定预算	弹性预算
销售量	33000	36000	3000	36000
销售额	4950000	5760000	810000	5400000
变动成本	2310000	2700000	390000	2520000
边际贡献	2640000	3060000	420000	2880000
固定成本	1800000	2000000	200000	1800000
营业利润	840000	1060000	220000	1080000

(7) 将实际执行数减去弹性预算数,计算弹性预算执行差异。

```
dt["实际－弹性预算"] = dt["实际执行数"] - dt["弹性预算"]
print(dt)
```

运行结果

	固定预算数	实际执行数	实际－固定预算	弹性预算	实际－弹性预算
单价	150	160	10	150	10
单位变动成本	70	75	5	70	5
单位边际贡献	80	85	5	80	5
销售量	33000	36000	3000	36000	0
销售额	4950000	5760000	810000	5400000	360000
变动成本	2310000	2700000	390000	2520000	180000
边际贡献	2640000	3060000	420000	2880000	180000
固定成本	1800000	2000000	200000	1800000	200000
营业利润	840000	1060000	220000	1080000	－20000

【案例总结】

本案例调用了复用率高的 CPV 函数,大大地提高了代码的复用性,为计算和编程节约了时间。企业可以根据实际工作需求,将重复性的、使用频率高的计算过程封装成函数,充分复用 Python 语言的开源性和可移植性,减少重复工作,提高工作效率。

5.2 定期预算和滚动预算

定期预算和流动预算的对比分析如表 7-2-5 所示:

表 7-2-5 定期预算和滚动预算对比

项目	定期预算	滚动预算
概念	在编制预算时,以不变的会计期间(如日历年度)作为预算期的一种编制预算的方法	企业根据上一期预算执行情况和新的预测结果,按既定的预测编制周期和滚动频率,对原有的预算方案进行调整和补充,逐期滚动,持续推进的预算编制方法
特征	以不变的会计期间(如日历年度)作为预算期	将预算期与会计年度脱离、逐期向后滚动
优点	使预算期间与会计年度相配合,便于考核和评价预算的执行结果	预算比较精确、连续性好
缺点	具有盲目性、滞后性、间断性	工作量大
适用范围	一般适用于年度预算的编制	一般适用于季度预算的编制

【应用案例】

Tina 公司生产部的卫衣生产线经过初步运营,最近三个月的经营数据如表 7-2-6 所示:

表 7-2-6 卫衣生产经营数据

项目	2023 年 4 月	2023 年 5 月	2023 年 6 月
单价/(元/件)	160	170	165
单位变动成本/元	75	80	78
销售量/件	2 900	2 850	3 000
固定成本/元	140 000	1 50 000	160 000

(1) 根据本量利公式,计算 2023 年 4—6 月的实际营业利润。

(2) 如果未来卫衣的单价每月提高 0.3%,单位变动成本每月增加 0.2%,销售量、固定成本分别在前三个月平均数的基础上增加 0.2%、0.3%,那么请以月为编制周期,编制滚动预算表,预测未来 6 个月的营业利润。

【思路分析】

继续调用本量利分析的 CPV() 函数进行计算,然后调整参数再次调用并计算得到滚动预测的营业利润。

【代码实现】

(1) 导入 pandas,并将数据输出格式设置为保留 2 位小数。

```
import pandas as pd
pd.options.display.float_format = '{:.2f}'.format
```

(2) 创建自定义函数 CPV()。

```
def CVP(p, uvc, q, fc):
    s = p * q  #销售额 s = 单价 × 销售量
    umc = p - uvc  #单位边际贡献 umc = 单价 - 单位变动成本
    mc = umc * q  #边际贡献 mc = 单位边际贡献 × 销售量
    vc = uvc * q  #变动成本 vc = 单位变动成本 × 销售量
    pro = (p - uvc) * q - fc  #营业利润 pro = (单价 - 单位变动成本) × 销售量 - 固定成本
    return [p, uvc, umc, q, s, vc, mc, fc, pro]  #返回单价、单位变动成本、单位边际贡献、销售量、销售额、变动成本、边际贡献、固定成本、营业利润
```

(3) 根据表 7-2-6 中的数据,调用 CPV() 函数计算实际营业利润。

```
Actual = {'202304': CVP(160,75,2900,140000),
'202305': CVP(170,80,2850,150000),
'202306': CVP(165,78,3000,160000)}
dt = pd.DataFrame(Actual,index = ['单价','单位变动成本','单位边际贡献','销售量','销售额','变动成本','边际贡献','固定成本','营业利润'])
print(dt)
```

运行结果

	202304	202305	202306
单价	160	170	165
单位变动成本	75	80	78
单位边际贡献	85	90	87
销售量	2900	2850	3000
销售额	464000	484500	495000
变动成本	217500	228000	234000
边际贡献	246500	256500	261000
固定成本	140000	150000	160000
营业利润	106500	106500	101000

（4）创建自定义函数 roll()，根据滚动预测期的参数变动情况，计算滚动预测期的营业利润。

```
def roll(n):
    for i in range(0,6,1):
        f_p = dt.iloc[0, n - 1] * 1.003
        f_uvc = dt.iloc[1, n - 1] * 1.002
        f_vol = (dt.iloc[3, n - 1] + dt.iloc[3, n - 2] + dt.iloc[3, n - 3]) / 3 * 1.002
        f_fc = (dt.iloc[7, n - 1] + dt.iloc[7, n - 2] + dt.iloc[7, n - 3]) / 3 * 1.003
        dt['预测未来第{}个月'.format(i+1)] = CVP(f_p,f_uvc,f_vol,f_fc)
        n = n + 1
    return dt
```

（5）调用 roll() 函数，预测未来 6 个月的营业利润。

```
print(roll(3))
```

运行结果

	202304	202305	202306	...	预测未来第4个月	预测未来第5个月	预测未来第6个月
单价	160	170	165	...	166.99	167.49	167.99
单位变动成本	75	80	78	...	78.63	78.78	78.94
单位边际贡献	85	90	87	...	88.36	88.71	89.05
销售量	2900	2850	3000	...	2942.29	2948.90	2955.21
销售额	464000	484500	495000	...	491330.05	493911.19	496452.63
变动成本	217500	228000	234000	...	231340.22	232323.67	233286.28
边际贡献	246500	256500	261000	...	259989.83	261587.52	263166.35
固定成本	140000	150000	160000	...	153678.36	154757.71	155029.83
营业利润	106500	106500	101000	...	106311.47	106829.81	108136.52

（6）如果2023年7月的单价、单位变动成本、销售量、固定成本分别为170、75、3050、155000元，调用CPV()函数计算实际营业利润。

```
data_7 = CVP(170,75,3050,155000)
dt.insert(3,column='202307',value=data_7)
print(dt)
```

运行结果

	202304	202305	202306	202307
单价	160	170	165	170
单位变动成本	75	80	78	75
单位边际贡献	85	90	87	95
销售量	2900	2850	3000	3050
销售额	464000	484500	495000	518500
变动成本	217500	228000	234000	228750
边际贡献	246500	256500	261000	289750
固定成本	140000	150000	160000	155000
营业利润	106500	106500	101000	134750

（7）根据2023年4—7月的经营数据，再次调用roll()函数，预测未来6个月的营业利润。

```
print(roll(4))
```

运行结果

	202304	202305	202306	202307	...	预测未来第3个月	预测未来第4个月	预测未来第5个月	预测未来第6个月
单价	160	170	165	170	...	171.53	172.05	172.57	173.08
单位变动成本	75	80	78	75	...	75.45	75.60	75.75	75.90
单位边际贡献	85	90	87	95	...	96.08	96.45	96.81	97.18
销售量	2900	2850	3000	3050	...	3018.07	3007.41	3019.04	3020.87
销售额	464000	484500	495000	518500	...	517704.03	517422.50	520981.12	522861.34
变动成本	217500	228000	234000	228750	...	227716.37	227365.63	228701.11	229297.65
边际贡献	246500	256500	261000	289750	...	289987.66	290056.88	292280.01	293563.69
固定成本	140000	150000	160000	155000	...	156386.80	156850.45	157313.76	157320.86
营业利润	106500	106500	101000	134750	...	133600.86	133206.42	134966.35	136242.83

【案例总结】

预算管理是一个复杂的系统工程，不管是弹性预算还是滚动预算，其计算量都比较大，预算的准确性和可靠性受到参数获取的影响。本案例还是用函数调用的方法简化编程的代码，让财务人员把精力集中到参数预测上，从而提高预算管理的精度。作为Python使用者，要善于运用函数和模块简化重复的计算和流程，同时这也有利于程序的维护。